フルタの方程式

古田敦也

朝日新聞出版

フルタの方程式

古田敦也

CONTENTS

第4章　盗塁阻止のコツ

第5章　配 球 論

第6章　キャッチャーと守備

第７章　捕手・古田敦也の仕事

あとがきにかえて

題　字　古田敦也

ブックデザイン　泉沢光雄

カバーイラストレーション　西口司郎

本文イラストレーション　高橋道彦

企画構成　大原　伸

はじめに

野球はコツさえ見つければ劇的に上手くなる

現役を辞めてからいろいろなスポーツを観ていて思う。野球というスポーツは難しすぎる。投げるという動作ひとつ取ってみても、ピッチャーは18メートルもの距離をピンポイントで、キャッチャーミットめがけて全力で投げなければならない。

少しでも外れたらボールである。始球式を見ていてもよくわかるが、ストライクを取るという実にシンプルなことも（特に野球経験のない人には）、そう簡単にできることではない。

打つという動作はどうだろうか。全力で投じられた丸い球を、細長い棒でしっかりと芯で捉えて打ち返さなくてはいけない。聞こえは簡単だが、いざ140キロの速球を目の当たりにしたら、それを打ち返すことがどれだけ大変なことかわかるだろう。これも同様に、経験したことがない人は、いきなり打てといわれてもまずできることではない。

つまり野球というスポーツは、非常に高度な技術を要するスポーツなのだ。そしてその技術力を向上させるにはどうしたら良いか？　指導者の多くは、長く厳しい練習が野球の上達の近道だと考えている。

長く厳しい練習で体力を養うことは、野球上達に不可

2001年 5 月15日、ヤクルトー広島。2 回裏ノーアウトから、レフトスタンドに
本塁打を放つ。この年は打撃も好調、3 割 2 分 4 厘をマークする。

欠な要素だと私も思う。しかしそれにプラスして、**野球というスポーツは、コツさえ見つければ劇的に上手くなる**ことを理解していただきたい。何も考えず、ただ単に、時間を費やし厳しい練習だけを重ねても、もしかしたら間違った方向に努力をしてしまっている可能性がある。

難しいスポーツだけに辛く厳しい練習は必要だ。しかしそういう辛く厳しい練習でも、そもそもは「コツ探しの旅なのだ」と思ったら、ガラリと考え方は変わるのではないか。

プロ野球には個性的な打ち方をしている選手がいる。よく観察してみると、構え方や、間合いの取り方、スウィングの軌道など、バッティングフォームひとつとって見ても様々な打ち方があることがわかる。それら違う打ち方の中で、自分にとってどの打ち方がしっくり来るかも人それぞれではないだろうか？　そしていろいろあるフォームを試しているうちに、「これだ！」という打ち方にめぐり合うかも知れない。まさにひとつのコツ発見の瞬間だ。

かくいう私も、約33年間野球一筋でやってきた。もちろん日々の鍛錬による上達はあったと思う。しかし33年間の中で何度か劇的にレベルアップしたと感じたことがあった。それらはすべてコツを発見したことで得られたものだ。

私は幸いにして子どもの頃からそういう指導を受けて

1995年９月30日、巨人を破りセリーグ優勝を決める。マウンド上で
抱き合うブロスとミューレンに駆け寄る。左はオマリー。

いたので、コツを発見するためにいろいろ考えて練習に取り組んでくることができた。この方法が当たり前だと思っていたのだが、こういう非常に大切なことが意外に正しく伝わっていなかったりする。本書をきっかけにぜひコツ探しの練習を楽しんでいただければと思う。

さて本書は、2009年１月よりテレビ朝日で放送された番組「フルタの方程式」がもとになっている。ユニフォームを脱いでおよそ２年が経過したが、私の現在の役割はこの素晴らしい野球というスポーツの楽しさを、なるべく多くの人に正しくお伝えしていくことではないかと考えている。

その意味でこの「フルタの方程式」という番組を与えていただいてとても感謝している。テーマによっては極めて専門的な内容になってはいるが、今回はその中でも「キャッチャーズ・バイブル」の部分をさらに掘り下げて、皆さんに私が33年間務めたポジション、キャッチャーの魅力についてスポットを当てて書いてみようと思う。

それぞれの技術には、できる限り丁寧に説明したつもりであるが、やはり動く映像があったほうが見やすいということで、今回は番組で放送した映像をDVDとしてつけていただいた。本書に収録することを快諾してくださったテレビ朝日のスタッフには心から感謝したい。

第1章

私のキャッチャー論

キャッチャーの役割

キャッチャーはよく「女房役」と形容される。

男はわがままが許され、女は黙ってそれを支えるというような「亭主関白」的な考え方が背景にあるのだろうか？　今どきの女房の定義とはずれている気がするものの、キャッチャーがピッチャーのわがままを聞いて、その仕事を全身全霊で支えるというのは正しいかもしれない。

人によっていろいろな定義はあるだろうが、私が考えるキャッチャーの役割は、**「ピッチャーを精神面でも技術面でもサポートして、最高のパフォーマンスを引き出せる環境を作り、最終的にチームを勝利へ導く」**ことだと思う。

また、「フィールドの指揮官」と形容されることもある。確かにキャッチャーは、９人のフィールドプレーヤーの中で、唯一ファウルグラウンドにいて、皆とも反対側を向いている。当然見えるものは真逆だし、バッターを最も近くで観察もできる。

それに、フィールド全体を見渡すことができるので、守備位置はもちろんのこと、ランナーの動き、ランナーズ・コーチの動きも把握することができる。それだけ広い視野が持てるというのはキャッチャーの特権だし、それを充分に生かせばチームを勝利へ導く戦略を引き出せ

2001年10月24日、近鉄との日本シリーズの第3戦。9回を3人で抑えた高津投手と
喜ぶ。ヤクルトは2対1で勝利して、日本一の座に王手をかける。

るかも知れない。
キャッチャーだけが知り得る微妙な変化や情報を、チーム全体で共有することは重要だ。その意味でキャッチャーは、「フィールドの指揮官」としての役割を、しっかりこなさなければならないという重要な任務を背負っている。
ところで、少年時代の話になるが、キャッチャーと言えば、「太っているから」とか「足が遅いから」とか、もっとひどい場合は「余っているから」という理由でやらされていたように思う。私も、なぜキャッチャーになったかというと、ご多分に洩れず太っていたからだ。ただし念のため補足しておくと、私の場合、足はそれほど遅くはなかった。
いずれにせよ、キャッチャーを好んでやりたがる子どもは少なかった。しかし実際に、33年間キャッチャーをやってきて思うことだが、キャッチャーでしか味わえない魅力はたくさんある。それについて、ほんの一端でもこの本でご紹介できればと思う。

キャッチャー向きの性格はあるか?

私がキャッチャーになった日は、今でもよく覚えている。小学校３年生で初めて少年野球のチームに入った日だった。コーチから何気なく、「この中でキャッチャーのできる奴はおらんか？」と言われたのに対して、同級生の吉田君が数人いる新入生の中から私を指差して、「コイツできます！」と答えたのがすべての始まりだった。その吉田君発言から33年間、まさかひとつのポジションだけを務めることになるとは夢にも思わなかった。

現役引退後、「古田さんはもともとキャッチャー向き

1982年７月22日、夏の兵庫大会２回戦で、兵庫商と対戦した。
高校２年生だが、当時はまだ、眼鏡をかけていなかった。（神戸市民球場）

の性格だったのですか、それともキャッチャーをやっているうちにキャッチャー向きの性格になったのですか？」という質問を受けることがあった。正直言って、キャッチャーしかやっていないので、その答えはわからない。しかしそもそも、キャッチャー向きの性格とは何だろうか。

私のプロ入り後の師匠でもある野村克也監督は、よくご自身や、西武の監督としても活躍された森祇晶さんを引き合いに出しながら、「キャッチャーというのは思慮深くなくてはならない。だから名キャッチャーはとかく性格が暗い」と仰っていた。その上で「お前は（キャッチャーにしては）明るすぎる」というご批判をいただいた。

野村監督や森さんの性格が、実際暗いかどうかは置いておいて、私自身を自己分析するならば、明るいところもあり、暗いところもあると思う。ところで、キャッチャーに必要な「思慮深さ」とはどういうことか考えてみよう。

試合中、キャッチャーには時間の制限がある。与えられた時間の中で、なるべく多くの選択肢から、正しい決断ができるかが重要ではないかと思う。

前の打席にカーブで三振したバッターは、恐らくそのカーブを狙ってくるだろう。プロとしては同じ手で打ち取られたくないからだ。しかし、だからと言って、安易

2005年、若松監督が退任し、29年ぶりの選手兼任監督となる。
写真は、楽天とのオープン戦。試合前に楽天・野村監督と談笑する。

にストレートだけで勝負にいってよいものか。ランナーは走ってくるか、キャッチャー古田の考えが見透かされていないか、あらゆるファクターを考慮して結論に至らなければならない。

たどり着く結論が、当初の予定通り「カーブで勝負しない」であったとしても、そこに至るまでどれだけ多くのことを考えてきたかが重要だ。

しかし、24時間いつも思慮深くいるということは並大抵なことではない。問題は、肝心なときに思慮深くなれるようにするために、「切り替え」が大切だということだ。恐らく野村監督も、森さんも、そういうことを現役時代にやっていらしたのではないか。

私の場合は、野球のことを考えないでいいときは、自らの知的好奇心が赴くままに極力いろいろなことにトライした。読書や将棋といった思慮深いと思われそうな行動も、カラオケやお酒を飲むという軽率だと思われそうな行動も楽しんだ。

また、リフレッシュのために、他のスポーツを観たりするのもいいことだと思う。打てない日が続くときに、なぜ打てないのか考え、練習に没頭し、また結果が出ないことを繰り返していると、必要以上に気が滅入ってしまう。私の場合、世界に挑んでいるアスリートの姿を見ていると、野球だけに考えが行ってしまうのを短時間でも忘れることができる。とにかく、「思慮深く」なるために、様々なことにチャレンジし、経験をすることも大事だと思うのだ。

キャッチャーは頭が悪いと思われてはいけない

そもそもキャッチャーは、監督、コーチ、チームメイトから信頼を得るためには**「頭が悪い」と思われてはい**

けない。常にみんなと違う視点を持っておくという点でも、様々な本を読んでおいた方が良いかもしれない。と言うのも、キャッチャーは全体を客観的に見渡して、みんなが浮き足立っているときにはしっかり地に足を着けて冷静な指示を出し、覇気が感じられないときには率先して鼓舞していかないといけないからだ。そういう「見落としてはならないことを見抜く視点」を養うのに、読書は役に立つと思った。

私がプロに入りたての頃、たまたま移動中に小説を読んでいたら、「あいつは移動中でも勉強していた」と野村監督に言われたことがある。当時、偶然にも、周りのみんなが漫画か週刊誌しか読んでおらず、小説を読んでいた私が目立ったのだろう。野村監督の「あいつは移動中でも勉強していた」という発言は、瞬く間にチーム内に噂として広がり、ひょんなことから投手陣からも信頼を得ることになったのだ。

行動や発言は、誰がどこで評価しているかわからない。

第2章

キャッチャーが試合前にするべき準備とは

3つの準備を怠ってはいけない

キャッチャーならば準備を怠ってはならない。何事にも言えることだが、それで結果が悪ければ、後悔が生じてしまう。準備を万全にして結果が悪ければ、仕方がない。後腐れなく次の試合に向かえるし、**何よりも課題と反省点をつかむことができる**。「あのとき、ああしておけばよかった」などという後悔をしないためにも万全の準備を整えよう。

一言で準備と言っても、大きく3つにわかれる。

（1）メンタル面の準備
（2）フィジカル面の準備
（3）戦術の準備

前向きになる方法とは

まず、メンタル面に関して言うならば、キャッチャーである自分自身がいかに冷静に戦えるかがカギとなる。そのためには、物事に前向きになれるようにしておかなくてはならない。それはつまり、自信を持てる状態にいかにもっていくかということだろう。

2005年11月19日。母校の川西明峰高校の創立30周年記念式典で講演。生徒たちに「知識と経験で壁を乗り越え、本質を見抜く力をつけて欲しい」と話した。

どのようにして自信を持って試合に臨むかは、個人差があると思う。また自信を得る方法というのも人それぞれだ。たっぷり練習すれば自信を持てる人がいるかもしれない。逆に、練習だけでは済まず、その他いろいろなことをしないと自信が持てない人もいるかもしれない。しかし、それがどんな方法であろうと、**自分自身を前向きにする準備は必要である。**

私の場合は、自信を持てるような「言葉」を持つことを勧めている。それは有名な言葉でも、自分で考えた言葉でもかまわない。ちなみに、私は恥ずかしながら自信がなくなりそうなとき、持てないとき、あるいはピンチで迷ったときなど、**「命、取られるわけじゃない」**という言葉を思い出すようにしていた。誰の言葉と言うわけではないが、この言葉を思い出すと、強い自信を持てるようになったのを覚えている。

これは投げやりになって、「命、取られるわけじゃないから、何でもいいからやってしまえ」と言っているのではない。打たれたとしても、命まで取られるわけじゃない。しかし自分は最善を尽くした、その上で腹をくくって勝負しようとしているのだという意味だ。

「トレーニング・食事・休息」のバランスが大切だ

第2のフィジカル面での準備だが、キャッチャーというポジションは、守っているだけで重労働が強いられる。立ったり座ったりを繰り返し、あまり知られていないかもしれないが、意外に頻繁にベースカバーに走る。

ピッチャーの投げたワンバウンドボールは体全体で止めなければならない。足の速いランナーが塁に出れば、細心の注意を払い全力で盗塁を阻止する。その上でピッチャーのケアをしなければならないし、攻撃時には当然バッティングや走塁もする。他の野手と比べても求めら

1999年、最後のユマキャンプ。ヤクルトは翌年より、沖縄・浦添市に
キャンプ地を移す。この年、5度目となる打率3割を達成した。

れる労力は多い。こうした重労働をこなすために体を鍛えなくてはならない。

フィジカル面を鍛えるためには**トレーニング、食事、休息の3つをバランス良く効果的に行なう必要があるだろう**。これら3つのどれかが欠けたり、過度にトレーニングをやりすぎたりすると、この重労働を1年こなすことはできない。コンディション管理には、バランスが大切だ。

具体例として、プロの選手はだいたい週2～3回、シーズン中でも試合後にウェイトトレーニングをする。ただし、負荷の強いトレーニングはしない。

一方でオフシーズンは負荷のかかるウェイトトレーニングをしっかりやる。この期間を私達は「貯筋」期間と呼んでいるが、これが筋肉を大きくするには重要なプロセスなのである。

シーズン中はここで貯めた筋肉を落とさない様に1回につき1～1.5時間程のトレーニングにとどめる。

食事は、高タンパク・低カロリーのものを摂るように心がけていた。ピッチャーのようにローテーションが決まっていると、試合前日、前々日は炭水化物を多く摂り、試合後は肉などのタンパク質を摂るようにしている選手もいたが、私の場合、あまり気にし過ぎなかった。3食ストレスなく食べることが好ましい。

また、野球というスポーツは瞬発力が求められるので、そのため筋肉を鍛えることが大切だ。だが、私の経験によると、キャッチャーは同時に持久力も大いに必要とする。

プロ野球では１日３時間前後の試合をこなす。時には４時間を超すことも珍しいことではない。心肺機能を強めておかないと、試合の後半で息が上がってしまう。すると、当然のことながら集中力は減っていく。その結果、正しい判断ができないという事態を招きかねないわけだ。

想定外のことにも動じないための準備とは

第３の戦術面の基本的な準備は、事前に相手打線をチェックして、当日投げるピッチャーが、見逃し、空振り、ファールを打たすなど、具体的にどのようにストライクを先行させるか、何を決め球にするか、どう打ち取るかということをシミュレートしていくことだろう。

基本的には、「こんな感じでおさえられたらいい」というようなイメージをＡ案、Ｂ案と持っていると、慌てないということだ。

シミュレーション自体はさほど難しいことではない。しかし**ピッチャーというのは、その日のコンディションによって大きく調子が変化する**ことを想定しておかなくてはならない。調子が悪い場合は試合を進行しつつ、そ

当時、阪神の主軸だったシーツ。7回裏、2アウトランナー一、二塁で
左越え3点本塁打を打たれる。（2005年7月29日、阪神甲子園球場）

の調子に合わせて戦術を立て直すという作業も必要になってくる。

例えば、あるピッチャーは、カーブを3球投げれば2球はストライクが取れる能力があったとする。初球がボールになって、2球目もボールになった場合、バッターにしてみれば2球続けて同じ球がボールになったのだから、3球目は違う球がくるだろうと思うかも知れない。

しかし、私の信頼度からすると、このピッチャーは、普段は３球続けてボールになることはないのだから、絶対入ると思ってカーブのサインを出す。だが、またボールになって０－３になることがある。

そうなって初めて、「これは困ったな」と思う。このピッチャーは、今日はカーブが入らないので真っすぐでいくしかないとなる。真っすぐを投げているうちに、だんだん良くなって調子が戻ってくるのか、試合の中で見極めていくしかない。

打ち取り方についてもその場の行き当たりばったりの勝負をするのではなく、一試合通しての戦術プランを、得点能力が高い**相手チームのキーマン、主軸を中心に立てるべきだろう。**

また、定石として、ピンチを脱出する一番いい方法というのはゲッツーであり、二番目が三振だ。従って、どのバッターで三振が取りやすくて、どのバッターでゲッツーが取れるチャンスがあるのかを、あらかじめ用意しておくと、そういうシチュエーションになったときにハマりやすい。

例えば、ピンチの場面で、中日のブランコ選手に打席が回ってきたとしよう。このときブランコ選手と勝負するか、四球で歩かせるかは、次のバッター次第だ。そういう打ち合わせをピッチャーとしておく。俊足の左バッターだったりしたらゲッツーを取るのは難しいが、足が遅い右バッターだったら内野ゴロを打たせてゲッツーを取ってピンチを脱出するのは、難しいことではない。これは第7章「捕手・古田敦也の仕事」の「具体的なシミュレーション例」で詳しく説明する。

一方で、**おおまかに何点勝負になるという予測**も戦術に加味するべきだろう。それには相手ピッチャーの実力やコンディション、味方打線との相性などを分析しておく必要がある。

例えば、相手のピッチャーの力を考えて、今日はロースコアで抑えないと勝てないと判断したときは、多少リスクを抱えてもストライクを先行させず、慎重にボール球を使い四球で歩かせることもいとわない。逆に、ある程度自軍のスコアが見込める場合は、ランナーをためることが無駄になるので強気の勝負を仕掛けるといった、おおまかな戦術予測は立てておくべきだ。

想定外のことが起こって、しかもB案・C案などに相手が乗ってこなかったとしよう。そういう場合でも次はこうするというような、代替案をあらかじめ準備しておけば慌てることなく済む。

もちろん、そうした戦術プランを立てる上で、データを有意義に使うということは言うまでもない。その点で忘れてはならないのは、そのデータが有効かどうかということだ。

良い打者はそのデータ分析のさらに先を見越してくるという場合もある。使えないと判断したデータをリセッ

2005年 4 月24日。ヤクルト―広島。大竹寛投手から三塁手のグラブをはじく二塁打を放ち、通算 2 千本安打を記録する。（松山市・坊っちゃんスタジアム）

トすることも、データを使う戦術には必要である。忘れることも能力なのだ。

そして最も重要なことだが、**いくらシミュレーションを完璧にしたとしても、現実は思い通りにいかない**ということを理解しておかなくてはならない。

若い頃の松井秀喜選手は、バッティングカウントでは強振したい、ホームランを打ちたいという気持ちが強く、ストレートを狙う傾向が多くみられた。チームメイトやファンの期待が高かったからこそ、自分の得意なストレートを待つ傾向になったのだろうと思う。その気持ちを逆手に取り、バッティングカウントでは変化球、追い込んでからはストレート系での勝負を多用した。

ただ、その後成長した松井選手に、同じ手は何度も通用せず、バッティングカウントでストライクからボールになる変化球を投げても、平然と見逃されるようになり、ピンチはもっと広がっていった。こうなるとそれまでのデータは役に立たないことになってしまう。新たな戦術を立てなければならなくなるわけだ。

キャッチャーの心構え

キャッチャーの仕事は、ピッチャーと一体となって相手バッターと戦い、できるだけ失点を抑え、その結果チームを勝利に導くことだ。では、その目的を達成するために具体的にどういうことをするのだろうか？

まずキャッチャーは、ピッチャーやチームメイトに信頼されなければならない。

例えば、結果的に打たれてしまった場合、ピッチャーの球速が遅いからだとか、要求したところに投げないから打たれるのだという考え方のキャッチャーがいたとしよう。しかしこういう考え方で臨んでしまうと、当然のことながらバッテリーは一体となれない。それは自ずとチームの崩壊につながることを覚えておいてもらいたい。

実際、サインと違う球が来たり、要求したコースに球が来なかったりすることは多い。自分の失敗ではない、あるいは自分の責任ではないことをベンチにアピールしたいという気持ちはわからないでもない。しかし、そこはグッとこらえてチーム全体の利益を第一に考えることが大切なのだ。**野球において、キャッチャーはチームから信頼されなければいけない。**

また、キャッチャーという名の通り、**ピッチャーの投げる球をしっかり捕らなければ話にならない。**どんな球でもしっかり捕る。ワンバウンドになってもしっかり止める。そして盗塁もきちっと刺す。これが最低限持ち合わせなければならない心構えになる。インサイドワークばかりが重視されがちだが、それはずっと後のことである。

捕ることはもちろんだが、打つことに関しても真剣に取り組むべきだろう。**キャッチャーは打たなくてもいいなどという考え方は成立しない。**打って自軍の得点につながれば、それはピッチャーを助けるということに他ならない。

さらに言うと、そうした捕る、打つという基本的な行為すべてが、ピッチャーを支えるという目的から行なうことが必要だと思う。この心構えがあれば、チームが目的を達成した際の喜びはかけがえのないものになる。

第3章

捕球のコツ

人差し指が２時の方向になるように構える

私がアマチュア選手だった頃、キャッチャーミットの捕球面をしっかりピッチャーに向けて、人差し指は12時の方向に立てて構え、車のワイパーのように扇状に動かして使おうと教えられた。

しかし私の感覚だと、**自分から見て、人差し指を２時の方向にして、少し横に寝かせて構える**方が実は良いと思う。真ん中低めのボールが来たとしよう。キャッチャーミットを立てて構えている場合、捕りに行ったら、必然的にミットを上から被せるような形になってしまう。こういうのを、プロの世界では“虫取り”と言って悪い見本とされている。

なぜこの捕り方がいけないかというと、捕球の際にキャッチャーミットが下向きになってしまうからだ。結局それを元に戻すことになるのだが、見た目が汚くなってしまう。

ピッチャーにとって、真ん中低めや、外角の低めのボールは決め所である。この際どいコースをいかにきれいにしっかりと捕球できるかは、ピッチャーを気持ち良くさせる意味で重要だ。こういうところでミットが上下に動いたり、外側に流れてしまっては、せっかくのナイスボールが報われない。

一方、キャッチャーミットを少し横に寝かせて構える

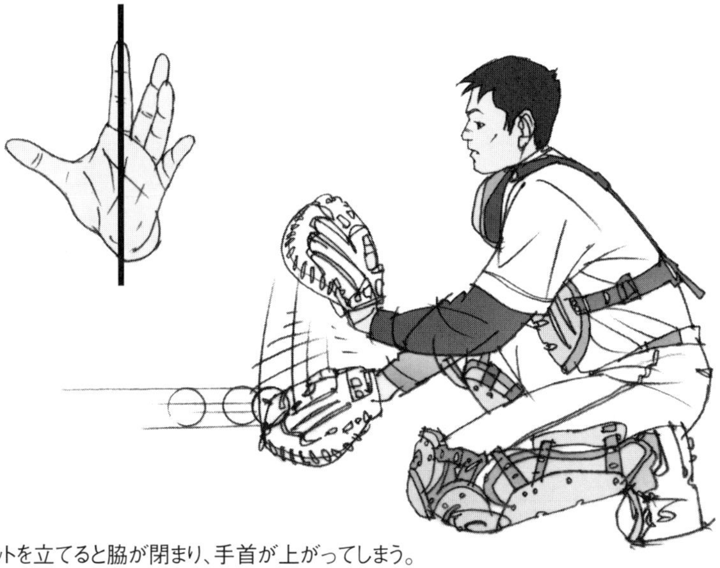

ミットを立てると脇が閉まり、手首が上がってしまう。
すると低めの球を捕る際に、上から被せるしかなく、「虫取り」になってしまう。

ミットを寝かせると脇がひらき、下から球を捕れる。
ピタッときれいに止められると、ピッチャーも気持ち良い。審判もストライクと言いやすい。

と、若干左の脇がひらき気味になるのだが、この体勢だとミットをスムーズに動かせる範囲が広がり、低めのボールに対して、さらに低いところから、手首の回転とともに捕球することができる。これだと真ん中低めのボールでもミットは激しく動くことはない。

しかし例外がある。石井一久のような左ピッチャーの場合、右バッターのインサイド膝もとに、スライダーなどの変化球で勝負するときがあった。このようなケースに限っては、脇を閉めて、キャッチャーミットを立てて構える方が実は捕球しやすい。通常の捕球位置より左側でワンバウンドする確率が高いので、そのケアをしなければならないからだ。

ただ、気をつけないといけないのは、**最初からこの構えをしていると相手にバレてしまう**ことだ。あくまでも、ピッチャーの指先から球が離れてからのことだというのは忘れないでほしい（**DVD「捕り方」参照**）。

外角球の捕り方のコツ

ストライクゾーンギリギリの外角球を捕球する際は、捕球するであろう場所の**ちょっと外側にミットを先回りさせ、その場所に戻しながら捕る**とピタッと止めることができる。逆にボールを、外側の方向に捕りにいってし

手だけで捕りにいくと、キャッチャーミットがぶれてしまう。
体全体を戻しながら捕る。するとキャッチャーミットも自然に戻ってきて、しっかり止まる。

まうと、ボールの威力でキャッチャーミットがわずかだがブレる。ストライク、ボールの判定にはあまり関係ないが、この小さなブレをピッチャーは嫌がる。「戻しながら捕る」という癖をつけると、きれいな捕球ができるようになるだろう。

また私の場合、外角の球を捕るときに、体が動きますねと言われる。それは、上記の「戻しながら捕る」ということを上半身でもやっているからだ（**DVD「捕り方」参照**）。

左膝を地面につけて構えるメリット

構え方についてもいろいろなことが言われるが、**ランナーがいないときは、左膝を地面につけて構えよう**。この方が、左手の肘が右バッターの内側方向へ通りやすくなり、捕球範囲も広がるからだ。ちなみに、自分の捕球範囲から出たボール球については無理して捕ることはない。ランナーがいないのに無理にワンバウンドを捕りに行って、つき指などケガでもしたら、その方がチームに迷惑をかけることになるからだ（**DVD「構え方」参照**）。

右バッターのインサイドについては、できる限りミットを左側に反転させないようにする。反転してしまった時点で、ストライクでなくなってしまう。

右バッターのインコースに球が来たときも
【上】
両膝を立てると、左膝が邪魔になり
パスボールをしやすい。
【下】
左膝を地面に着けた方が、
可動範囲も広がって捕りやすい。

それと初歩的なことになるが、よくキャッチャーミットを前に押し出して捕球する人がいる。審判にはっきりボールを見てもらいたいし、前述のようにキャッチャーミットが上から被ってしまうのを避ける意味でもあまり好ましいとは思えない。

片手で捕ることのススメ

私が子どもの頃、プロを引退なさったとある方が野球教室に来てくださったときのことである。突然、つけていた金の腕時計を私に投げてきた。私は咄嗟にそれを両手で捕った。

その姿を見て、その方は「大事なものを捕るときは人間みんな両手でしっかり捕る。ボールも同じだ。両手でしっかり捕らなくてはいけない」というお話をなさった。

がっちり捕る、あるいはしっかり捕るということが、キャッチャーにとって大事なのは言うまでもない。そしてその方法として、両手で捕るということが効果的であるということに異論を挟むつもりはない。

ただし、理論上、**両手で捕るのは、キャッチャーミットの可動範囲を狭くするデメリットがある**ということも理解しなくてはならない。試しに、両方の手首を紐で縛って、自分の体の前でどれだけキャッチャーミットを動

2001年７月23日。札幌ドームでのオールスターゲームの前に、千歳市民球場で、
松坂大輔投手ら17人が野球教室をひらいた。捕球のコツを教える。

かせるかやってみれば、一目瞭然だと思う。

実際、ボールが目の前ばかりに来ればいいのだが、そうはいかない。高い球、ワンバウンド、横に逸《そ》れる球などいろいろある。それらを両手で捕るという意識が強いと、対応が遅れてしまうのだ。

子どものうちは両手で捕ることを覚えさせようとする指導者も多い。しかし、私は、子どもの頃から片手で捕ることに慣れさせるべきであると思っている。

無論、ミットがまだ硬いうちは、両手でないと上手く捕球できない場合がある。しかし柔らかくなってきたら、片手でのハンドリングをなるべく早いうちから覚えるべきだろう。

片手での捕球を小さいうちから覚えようと言うのにはもうひとつ理由がある。それはケガを防ぐためだ。**キャッチャーは右手のケガと常に隣り合わせ**であるという、ある種宿命めいた現実がある。キャッチャーにとって、ワンバウンドやファールチップが体に当たることは日常茶飯事だ。

あまり考えたくないことではあるが、これらが指先に当たると、骨折を始め、大ケガをしてしまう可能性がある。現に私は、右手を現役時代に3度も骨折している。なので、盗塁のシチュエーション以外では、右手は太ももの後ろに隠し、なるべくすべて左手で捕れるようにしておくべきだ。両手で捕るのは突然投げられた金の腕時計だけでいい。

ワンバウンドの止め方

捕球の技術で重要な項目にワンバウンド捕球がある。ここでの目的は、ピッチャーが投じたワンバウンドのボールを捕ることより、前に落としてランナーの進塁を防ぐということがメインだ。

基本は足を閉じて、両腕でブロックする形で良いと思う。ワンバウンドの捕球についても諸説あるが、私の場合は、**体の中心から左右に45度の線を引いてその線上でボールをブロックする**ことにしている。よくキャッチャーから真横のラインを引いて、その線上で止めるのが適切だとも言われるが、私は次の理由から斜めの線上で止める方が良いと思っている。

まず、真横の線上で止めるメリットは何かと考えたとき、わずかながらだが、止められる範囲が広いという点であろう。

しかし、そのわずかな広さを求めるのであれば、私はボールを前に落とすことを優先したい。つまり真横に動くと、止めはしたが、**ボールが横に飛んでしまう可能性がある**。逆に、斜めの線上で止めるということは、体が前に出ることなので、ボールは体にぶつかってもほとんどが前に落ちる。

体が斜め前に出ると、真横に動くのと比べて、ボールを前に落とす確率は上がる上に、ボールとのコンタクトが俄然速くなり、進塁を防ぐことになる。**ワンバウンドだと思ったら、体を前へ出す癖をつけよう。**

ここからは、さらに高等な技術が必要になるが、ワンバウンドをブロックして止めるのではなく、ある程度のリスクを背負ってでも捕れると判断した場合は捕る、という選択肢がある。ワンバウンドのボールが来たとき、一塁ランナーの多くは進塁できるのではないかという心理が働く。一流の選手になればなるほど、ピッチャーが投げたボールが低いと判断しただけで、２、３歩出てしまう。その結果、多くのランナーは飛び出してしまうのだが、それはキャッチャーにとっては、ある意味チャンスなのだ。ショートバウンドでボールを捕ってしまい、牽制で刺せる可能性が出てくるからだ。

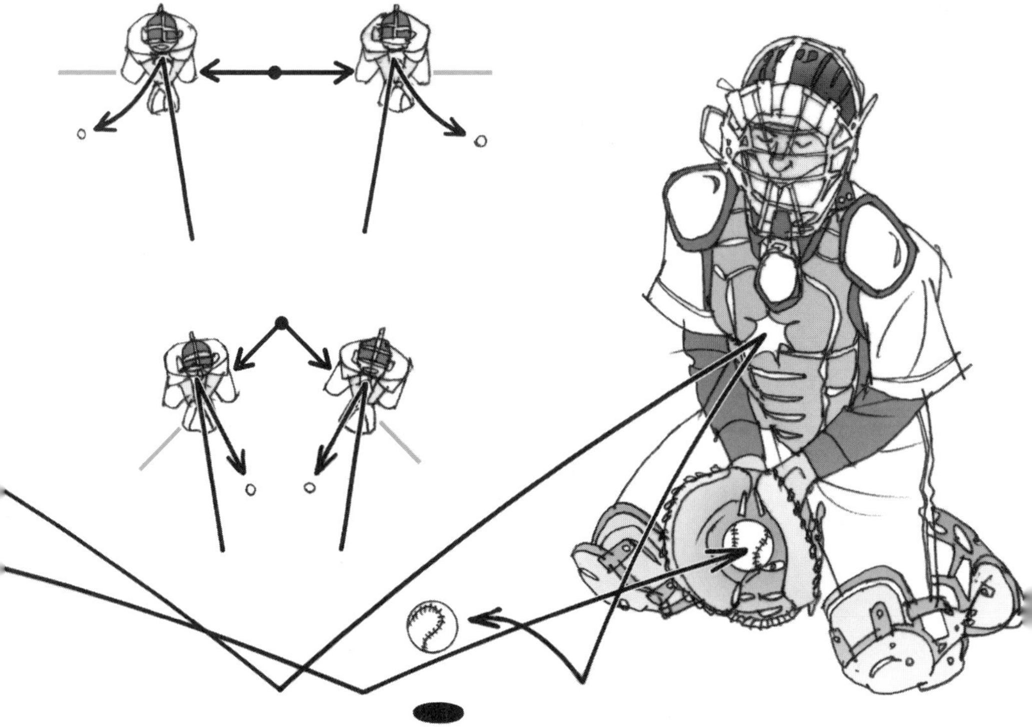

ワンバウンドだと思ったら、前へ出るイメージ。ボールが跳ねる前に体で止めよう。
自分の左右45度に引いた線上で前に出ることを意識すれば、ボールは横へ飛ばず、前に落ちる。

私は現役時代、この牽制プレイを得意としていたが、こういったプレーができればチームメイトの信頼は劇的に上がる。ワンバウンド処理は、キャッチャーにとってチャンスだと思えたら一流である。

よくショートバウンドの対応のしかたについても聞かれる。確かに全く準備していない場合は、慌てて後逸することがあるかも知れない。**これを止めるコツは心の準備に尽きるだろう。**

プロのレベルになると、高めのストレートを要求してショートバウンドになることはまずない。サインを出した時点でショートバウンドになりそうなボールというのはわかる。そういう場合、ショートバウンドになるかもしれないという心の準備をしておくかどうかだけで、ショートバウンドへの対応力は全然違う。低いボール、落ちるボールを要求したときは、常にショートバウンドになることを想定しておこう。

ピッチャーが投げるボールは、悪いときにはどこにいくかわからない。しかしショートバウンドや、いわゆる荒れ球を上手く捕ることができれば、当然ピッチャーからの信頼は上がるのだ（**DVD「投げ方」参照**）。

第4章

盗塁阻止のコツ

「正確に・素早く・強く」という基本

当たり前のことだが、一塁ランナーが出たら盗塁を警戒しなければならない。捕球してから二塁へ送球するわけだが、**二塁ベースに到達するまでの時間が「1.9秒」以下だと一流クラス**だと言われている。

キャッチャーは、捕球からボールが二塁に到達するまでの総合的な時間を、いかに短縮するかが課題になってくるわけだが、どうしたらいいか。

二塁送球に必要な3項目は、「強く・素早く・正確に」である。そしてこの3要素に優先順位をつけると、

（1）正確に
（2）素早く
（3）強く

となるだろうか。正確さを怠ってしまい、焦った送球をしてしまうと、悪送球し、さらに進塁を許すという悪い結果を招いてしまいかねない。

また、どんなに肩の強い人がいくら速いボールを投げたからと言っても、二塁ベースのはるか上だったら捕球からタッチするまでに時間がかかってしまう。ノーバウンドだろうが、ワンバウンドだろうが、二塁までの時間は大して変わらないのだ。**ベースの上、30センチぐらい**

1998年、米アリゾナ州・ユマキャンプで、連係プレーの練習をする。
この年の盗塁阻止率は、4割4分1厘で、堂々のリーグ1位。

に球がいけば何とかなるのだと思うようにしよう。何よりも正確さを優先させるべきだ。

正確さを磨く上で、自分の肩の強さや、球筋をあらかじめ見極めておく必要がある。これは個人によって違いがあると思うが、投手の頭上どれくらいに投げたら、ちょうど二塁の低めにいくかというターゲットを作っておくべきだ。実は、**私はベースをめがけているのではなく、このターゲットしか見ていない。**

また送球時に、右手でボールをつかんだとき、必ずしもボールをしっかりと握れているとは限らない。しっかり握れた場合と、そうでない場合とでは、もちろん送球にも違いが出るだろう。

しっかり握れなかった場合は、ボールが山なりになるので、その場合、普通よりもやや高めといったターゲット変更もしっかり頭に入れておこう。

さらにピッチャーが投じたボールが右側に逸《そ》れて、崩れた体勢からややサイドスロー気味に投げなければいけない状況もある。この場合、ボールはシュート回転して右に曲がっていくことが多い。この右への曲がり具合なども事前にチェックして、ターゲットを変更しておこう。

右手は、投げる際にはミットの近くにある方が確実に良い。イメージとしては右手と上半身を一体にして投げるように心がけよう**（DVD「投げ方」参照）**。

キャッチャーミットからボールを取り出したとき、
指が縫い目にかかっているか、いないかは感覚でわかるだろう。
その場合は、ターゲットを変更する。
練習のときから、どのターゲットにするか試しておこう。

素早く投げるためのテクニック

ランナーが走った場合の送球のプロセスは、

（1）右足に体重を乗せて
（2）左足を踏み出す

という一連の動きを、常に「イチ・ニ」と数えて行なう。この「イチ」がとても大切である。**いくら急いでいても、右足に体重をかけないと素早く投げることができない**のを、しっかり確認して欲しい。

送球時間短縮のために最初にできるのは、座った時点で、左足をやや前に出しておくということだ。目標に向かって投げるとき、必ず左の肩がその目標に向くわけだが、その体勢を事前に作っておくことが大切だ。これによって（1）（2）の動作に入りやすいというメリットがある。

さらに、ランナーが走ったと認識した時点で腰をやや浮かし、前に出した左足側に重心移動する。**体勢的には体が前にふわっと浮く感じになる。**そして捕球の瞬間から（1）の状態にすぐに移れることが重要なのだ。私はこの準備をするだけでトータル0.1から0.2秒短縮できると思っている。

これではランナーが走ったときには、体が前に動いて

左足を出して準備をする以外は、基本的に通常と同じ構えでいる。
視界のすみでランナーがスタートを切ったのを捉えたら、すかさず前方に重心を移動させる。
これをやったからと言って、捕球が疎かになるということは全くない。

【ボールの捕球から、左足を踏み出すまでの基本動作】
焦りは禁物である。コツを覚えるためにも、
最初のうちは心の中で「イチ、ニ」と数えて投げるようにしよう。
特に右足にしっかり体重を乗せないと、素早く投げられないことを体で覚えて欲しい。

いることになり、捕球が疎《おろそ》かになってしまうかと言えばそんなことは全くない。慣れてしまえば問題なくできる。

また捕球ポイントだが、私は普段、親指と人差し指の間で捕球しているが、**盗塁阻止時に関しては、手に近いところで捕るようにしていた**。これだとボールを取り出しやすい。要するに、ボールがキャッチャーミット内でどこにあるかわからない状態を避けるためである（**DVD「投げ方」参照**）。

肩を強くするにはどうしたらいいか

野手のスローイングは、ピッチャーと違って時間がない中で投げなければいけないので、肩から腕をしっかりまわして投げる余裕がない。特にキャッチャーは、昔から、弓を引くように投げると言われる。しかし現実に、引いて投げるという行為は意外に難しい。私はどちらかというと、**腕を内旋させ、肘をしっかり上げて、ムチのようなしなりを利用する投げ方**をお勧めする。

ところで、肩を強くするにはどうしたら良いだろうか。これはひとつの現象に着目すればわかりやすい。子どもの頃からピッチャーをしていると球が速くなる。しかし野手はそれほど速くならない。なぜか？　それはピッチャーが低い球を強く投げる練習をし、野手はしていない

槍投げのような投げ方ではなく、腕をひねってムチのように投げるのが正しい。
ひねったとき、ボールが後ろ向きになっているのがポイントだ。

からだ。

実は、私も含めて多くのキャッチャーは、子どもの頃は、二塁までノーバウンドで届かせようとして山なりのボールを投げたくなるものだ。しかし、最初のうちは届かなくても良いので、ライナーでただひたすら低いボールを投げることを心がけるべきだろう。

具体的には、ピッチャーの頭よりほんのちょっと上くらいを通る軌道で投げる。そういう投げ方をずっと練習していると、やがて体の成長と共に、その軌道でノーバウンドで二塁まで届くようになる。

山なりのボール、つまり上に向かって投げるのは、槍投げのようなフォームで右肩を開いて投げることになってしまう。**実際に、野球でこのようなフォームで上に投げるというシーンはない。**外野手のバックホームでさえ、野手の背の高さの2倍以上は投げるなと言っているくらいなのだ。

もっと遠くへというテーマだけで練習し、この開く投げ方が癖になってしまうと、ライナーで「低いところに強く投げる」ことができなくなってしまう。練習のときも、遠投ばかりしているのは問題だ。あくまでも肩ならしなどの目的としてやるようにしよう。

さらにいうと、スローイングの際は体重移動を心がける。野手にしても「イチ、ニ、サン」の「サン」で体重を軸足から反対側の足に乗せることを心がけ、下半身を意識させる投げ方を早いうちに体に覚えさせよう。そうすることによって体幹で投げる癖がつき、結果的にケガをしにくい投げ方になるといえる。

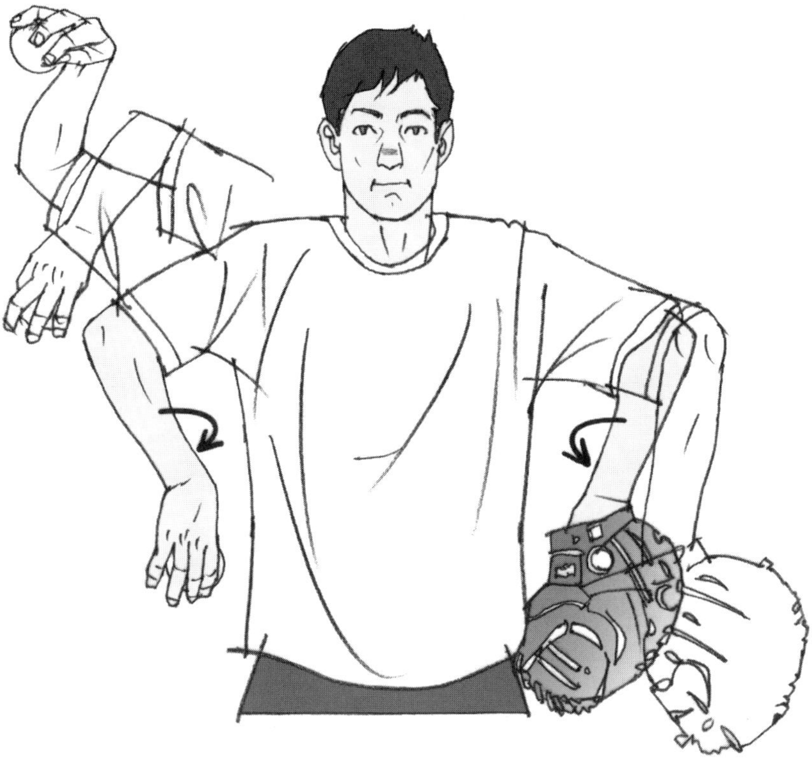

投げる順序のイメージは、
① 両手の甲を内側に向ける【内旋の動き】
② そのまま肘を上げる
③ 右手の甲を相手に向けたまま、しなりを使ってリリースする。
左手の甲もしっかり内側に向いていないといけない。
この上半身の使い方は、子どもの頃からしっかり覚えておかないと、
ボールを速く、遠くへ投げることができない。

第5章

配 球 論

何を優先させるのか

まず配球を考える前に、前提として、「ピッチャー重視」でいくのか、「バッター重視」でいくのか、「シチュエーション重視」でいくのかの３つがあることを覚えておこう。

アマチュアでは多くあることだが、まったくデータがない選手というのがいる。その場合は、思いきってピッチャー重視でいくしかない。真っすぐが得意なピッチャーなら、真っすぐ中心で配球を組み立てていくのがいいだろう。プロでは、特に２軍から上がってきたピッチャーが投げるときがそうなのだが、バッターのデータを詰め込ませてもわからないので、「お前の得意なボールでベストピッチをしろ」と言ってマウンドに送り出してやる。

また、バッター重視というのは、データをもとに、このバッターは初球のカーブを振ってこないとわかっていたら、だったらカーブで初球のストライクをとろうという配球だ。

一方、シチュエーション重視というのがある。例えば、このピンチを逃れるためには、ゲッツーをとりたいとか、三振をとりたいと言ったときのことだ。極端な例をあげると、９回裏、同点でワンアウト満塁。外野フライを打たれてはダメだというケースでは、一か八か三振を狙う

1992年10月22日。西武ライオンズとの日本シリーズ第４戦、４回裏、
秋山選手（現ソフトバンク監督）に決勝のホームランを打たれる。

しかない。

打ち気満々のバッターに対して、初球はフォークボールで空振りを狙い、二球目は高めのボールで空振りを狙う。もしバッターが振ってこなかったら、当然ツーボールになってしまう。ツーボールになってもまだ諦めず、ゴロになりやすい低めの球が来る可能性のある球種を要求する。ゴロになってダブルプレーの可能性もあるからだ。さすがにノースリーになったらストライクが一番入るボールを要求しよう。

基本的に３つの考え方があるということを知っていれ

ば、リードの幅も広がると思う。

ボールカウントには道筋がある

良い配球とは何だろう。例えばあるバッターに、インコースの高めストレートを4球連続で要求したとしよう。これは良い配球か、それとも悪い配球か——。

無責任な言い方で恐縮だが、答えは結果による。仮に、このバッターが4球目をホームランにすれば、このリードは「単調なリード」と言われ酷評される。しかし打ち取ってしまえば、「裏をかいたリード」と言われ高評価を受ける。従って、一概に配球論というテーマで一般論をまとめることは非常に難しい。明確な答えがないからだ。

だからと言って、あてずっぽうに配球を組んでいいという訳でもない。まずキャッチャーは、**「ボールカウントがすべてを支配する」**ということを理解し、いかにボールカウントを有利に進めるかに神経を集中させるべきである。

アマチュアでは、ボールカウントについてあまり真剣に考えていない人もいるが、プロではボールカウントについてとても熱心に研究している。早目にバッターを追い込んだ方がいいというのは、誰にでもわかるが、次ペ

セ・パ両リーグ平均、カウント別打率＆本塁打率（2004～2008年）

カウント	打数	安打	本塁打	打率	本塁打率
0－0	41241	13980	1648	.339	.040
0－1	27024	9501	1173	.352	.043
0－2	8108	2996	437	.370	.054
0－3	622	257	59	.413	.095
0 ストライク計	76995	26734	3317	.347	.043
1－0	28126	9000	889	.320	.032
1－1	34942	11535	1262	.330	.036
1－2	19715	6965	839	.353	.043
1－3	6957	2604	445	.374	.064
1 ストライク計	89740	30104	3435	.335	.038
2－0	21311	3203	173	.150	.008
2－1	59527	10758	752	.181	.013
2－2	55813	11153	947	.200	.017
2－3	32989	7795	796	.236	.024
2 ストライク計	169640	32909	2668	.194	.016
シーズン	336375	89747	9420	.267	.028

ージの表にもあるように、ストライクをとられたら打率や本塁打率はぐんと下がる。ならば、どうやって１球目、２球目をとるのかということに対して、もっと真剣になった方がいいのではないだろうか。

ボールカウントは０－０から２－３まで全部で12種類あるが、バッターが有利なのか、ピッチャーが有利なのか、五分なのかという選別は、その都度しなくてはいけない。

さらに重要なのは、キャッチャーは「**ボールカウントには、道筋がある**」ということを深く認識しておかなくてはならないことだ（81ページの表参照）。つまり、どうしてそのカウントに至ったかを考える必要がある。

例えば、2－2というカウントがある。この場合、もちろん2－2において何をすべきかを考えるのだが、1－0から2－2になったか、0－1から2－2になったかで、ピッチャーとバッターは、それぞれ考えることがまったく違う。同じカウントでも、いくつ自分有利のカウントを経て、そこに辿りついたのかを意識してほしい。

こうしたルート（道筋）に基づいた配球が、組めるかどうかが重要になる。ボールカウントの性質を理解した上で、キャッチャーは、いかにピッチャー有利のカウントに導くかを考えなければならない。

では、第1球はどうしたらいいのか。

ファースト・ストライクの取り方

前述したが、前ページのカウント別の打率、本塁打率を見てもわかるとおり、大まかに言えば、2ストライクまで追い込めばピッチャーは圧倒的に有利になるということは間違いない。

ピッチャーを心理的にも有利にさせるという点において、初球にストライクを奪うということが、いかに重要かおわかりいただけるだろう。

2005年６月12日、セ・パ交流戦。ヤクルト－ソフトバンク。７回裏ソフトバンクの攻撃。
ノーアウト一塁で、松中信彦選手を見逃しの三振にとる。（ヤフードーム）

従って、**0－0におけるテーマは、いかにストライクを取るかに集約される**わけだが、このカウントは「バッター有利」だと私は考えている。なぜなら、バッターには1ストライクは取られても構わないという心理的な余裕があるからだ。

果たしてそんな状況で、ピッチャーはどうやってストライクを取るのか。その方法は幸いにも3つある。

（1）見逃し
（2）空振り
（3）ファールを打たす

である。

バッテリーは、この3つのどれかでストライクを狙うことになるのだが、適当に決めてはならない。プロ野球に関して言うと、同じバッターと何度も当たるということもあり、こういう場合でのデータ分析は非常に役立つ。データにおいて初球から振ってくる傾向がある選手と、待つ選手とでは当然初球の入り方は違う。

また、そうした対戦データがない場合は、どういう傾向の選手なのか知っておくだけでも役に立つ。ここではそれら3つのストライクを取る方法のどれを選ぶかについて記しておこう。

見逃しを取りにいくケース

（1）狙い球の裏をかく

プロ・アマ問わず、**バッターの多くはまず「ストレートを打ちたい」と考えている**ので、相対的にストレートを待つバッターは多い。なかでもその傾向が特に強い選手に関しては、変化球でストライクを見逃させることができる。なので、ストライクを取れる変化球をたくさん持っていると、ストライクを取れる可能性が高い。

例えば、中日の山本（昌）投手などは、その典型だろう。緩い100キロぐらいのカーブでもストライクが取れ、スライダーでもストライクが取れ、得意のシンカーでもストライクが取ることができる。そうなればバッターの狙い球を外すのは、カーブでしかストライクを取れないピッチャーに比べて簡単だ。

（2）コースを厳しく突く

バッターの狙い通りの球が来たとしても、そのコースが極めて際どいところを突けるほどコントロールが良ければ、多くのバッターは見逃す。バッターはストレートを狙っていたとしても、その球がコーナーいっぱいに来れば見逃すことが多い。バッターにストレートを狙われていると思っても、ピッチャーのコントロールに自信があればストライクがとれる。また、ボールゾーンからストライクゾーンに戻ってくる球種も有効だ。

バッターは、ピッチャーがボールを投げた瞬間にボールゾーンにある球に関しては、見切って捨てることが多い。左バッターに対しては、右ピッチャーの外から入ってくるカットボールやスライダーが有効だろう。ただしこの場合、当然のことながらピッチャー側に求められる条件（能力・技術）も高い。

（3）待球派

そもそも初球に手を出したがらない「待ちたい」タイプ。アマチュアでは特に1番バッターなどに見られる傾向だが、とりあえず初球は見ようというバッターに対して見逃しは取りやすい。

バッター個人の思考だけではなく、チームが負けている状況の1球目は絶対に手を出すなというように、チームの方針で初球には手を出さない場合もある。

また、バッターによっては、左ピッチャーの初球は必ず見ていくという独特の傾向がある選手がいる。その場合、こちらのピッチャーが左であれば「初球見逃し」を取りに行くのは比較的簡単だ。変則的なピッチャーの場合も、「まず見たい」という心理が働くだろうし、それを利用すれば、初球からボールで入る理由はない。

（4）リベンジ思考

少し高度な話になるが、プロのレベルになると、データはもとより前打席での結果も影響する。例えば、前打席で打ち取られたバッターは、次の打席ではその打ち取られたボールを狙うというリベンジ思考が働く。こういう思考があるということを念頭においてリードすると、ストライクは取りやすい。同じ轍は踏まないぞという心理は、そのバッターの思考を読み取るのに重要なデータと言える。

ところで、配球は、ある程度はマニュアル化されている。例えば、あるバッターが、1球目スライダー空振り、2球目もスライダーで空振りをしたとしよう。このときのバッターの心理状態は、同じ球を3回も空振りしたら、プロとしてこんな恥ずかしいことはないと思っている。事実それは2軍選手のやることだからだ。

そうすると、バッターの3球目の狙い球は100パーセントスライダーだと考えて、キャッチャーは別の球を要求しないといけない。**「同じ球で空振り、空振りと続いたら、次は別の球を投げろ」**というマニュアルである。

しかし、裏をかいたつもりでストレートを要求したのだが、それをいとも簡単に打ち返すバッターが時々いる。私の記憶では、メジャーでも活躍した新庄選手などはその典型である。

もしかしたらワザと2回空振りしているかと疑ったほどだが、そういったマニュアルから外れる選手というの

2006年２月１日、選手兼監督となって初めての沖縄キャンプイン。
ストレッチで体をほぐす。

は稀にいる。そういうタイプもしっかりチェックして覚えていくのだ。

空振りを取るケース

超積極型

外国人選手によくある傾向だが、初球からがんがん振ってくるタイプとわかっていれば、見逃しでストライクをとる考え方は危険である。空振りを取る球にはいろいろあるが、**初球だからといって、ウイニングショットを使わない手はない**。それが確実に空振りを取れる方法ならば、ストライクからボールになるような、厳しい変化球を要求してかまわない。相手が打ち気になっているところで意表を突いたとしたら、よりバッテリーのペースになるだろう。

重要なのは勝負で優位に立つことであり、また、「ストライクを取る」と「ストライクを投げる」は違うのだということを理解してほしい。

一方、気をつけなくてはならないのは、ある打席では初球を待ち、次の打席では打ってくるというタイプも、もちろんいるので過信は禁物だ。打席ごとにそのバッターの傾向と対策をリフレッシュすることもキャッチャーの任務だ。

ファールを打たせるケース

ファールを意図的に奪いにいくことは難しいのではという方もいるが、バッターの心理を利用するという意味では、実はこれこそプロがよく使っている方法だ。

（1）振り遅らせてファールを打たせる

ストレートを待っているバッターに対して、**外角の際**

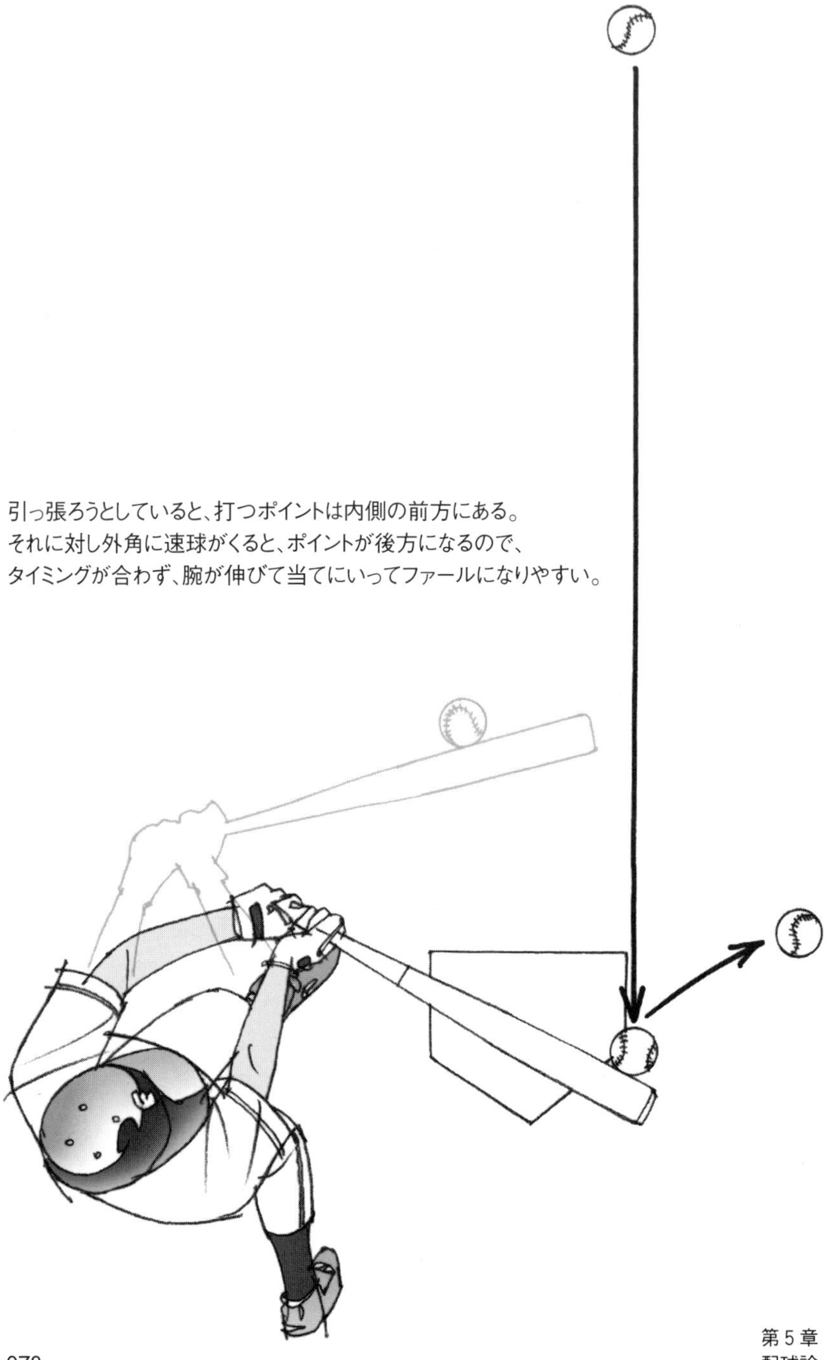

引っ張ろうとしていると、打つポイントは内側の前方にある。
それに対し外角に速球がくると、ポイントが後方になるので、
タイミングが合わず、腕が伸びて当てにいってファールになりやすい。

どいところにきっちりストレートを投げ込むと、バットが遅れてファールになりやすい。これはストレートを待っているバッターが、強く引っ張ることを意識していることを逆手に取った手法だ。

引っ張ろうとすると、軸足から前足への重心移動が早くなる。このときのバットの軌道は、内角の球を打とうとしているためポイントがホームベースの前側にあるのに対し、外角に球がいくのでポイントが後ろ側になってしまう。従って引っ張ろうとするあまりバットが遅れて、バッターの反対側にボールが切れてしまうのだ。

（2）引っ張るファールを打たせる

これは打撃の際に、前足をホームベース側に踏み込んでくるバッターによく使う方法。このタイプの選手には、できるだけ体に近い、**内角に入ってくる変化球**を使うといい。

特に左バッターであれば、ストライクからボールになる右ピッチャーのスライダー、カットボールなどが有効だ。高橋由伸選手や稲葉篤紀選手がこのタイプ。彼らが非常に優れたバッターであることは言うまでもないが、内角に厳しく曲がってくるボールには踏み込んでいる分、手先で対応を急いでしまい、打つポイントが前になってしまうことがある。その結果、引っ張ってファールになってしまうのだ。

2003年７月15日、サンヨーオールスターゲームの第１戦。7回裏、ワンアウト二塁で高橋由伸はセンターに本塁打を放つ。（大阪ドーム）

カウントのルート表

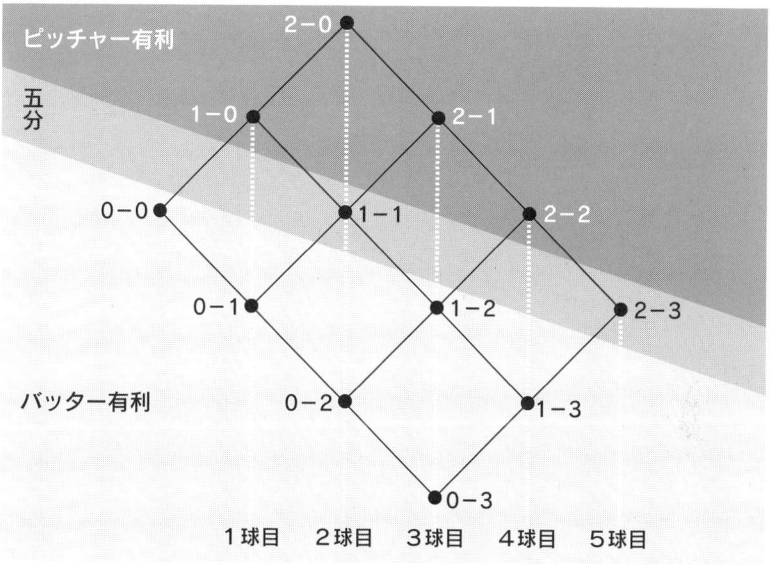

ご覧のとおりバッター有利から始まるので、いかに早い段階でストライクをとるのが大切かがわかるだろう。

同様に右の踏み込むバッターに対しても、右ピッチャーであれば、シュートやシンカーといった体に近づくボールを使うことで、ファールを奪うことができる。

ただし、いずれの場合も甘いコースにいってしまうとポイントが前なので引っ張られて長打になる危険性があることを忘れてはならない。

以上、ここでは０－０のカウントの重要性とストライクの取り方の両方を解説したわけだが、ストライクの取り方については、これ以降のカウントにも使えるノウハウなので覚えておいてもらいたい。では次に、カウントごとの心理状態を考えていこう。

カウント別配球論

1－0　ピッチャー有利

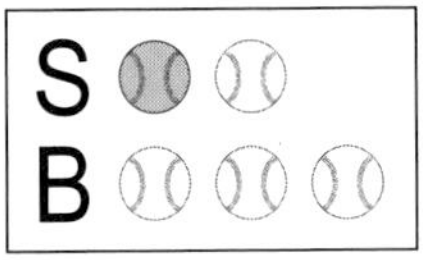

初球にストライクを取ったという状況。この1ストライクを取ってから、考えなくてはいけないバッター心理がある。それは**ほとんどのバッターが、基本的には、三振したくないと思っている**という心理だ。

三振をしたくないバッターは、そうならないために次に何を考えるか。単純にバットに当ててボールを前に飛ばさなければ何も起こらないと考えるであろう。また、さらに追い込まれてツーストライクになりたくないという心理も働く。とにかく前に打ちたい、何かを起こしたい、という心理状態にあるこの1－0というカウントはピッチャー有利である。

また、ファーストストライクを見逃すということはチームの方針やベンチの指示であれ、自分の意思であれ往々にしてあることだが、セカンドストライクに関しては、いずれの理由でも見逃すということはあまり考えられない。つまりバッターの積極性は確実に上がっている。

これらの条件を加味すると、バッターがスウィングをしてくる可能性は高く、また同時に、**ボール球に手を出す可能性も高い**ということだ。ピッチャーが1－0からストライクを取りにいく場合、前述の3種類のストライクの取り方に基づけば、見逃しは考えにくい。ストライクからボールになるような球で空振りか、ファールを取りにいくべきだろう。

ピッチャー側にしてみれば、この局面で2－0にしたいところではあるが、仮に見逃されて1－1になったとしてもさほど不利になるというわけでもない。いろいろなことを試せるという観点からもやはり有利である。

0－1、0－2、0－3　バッター有利

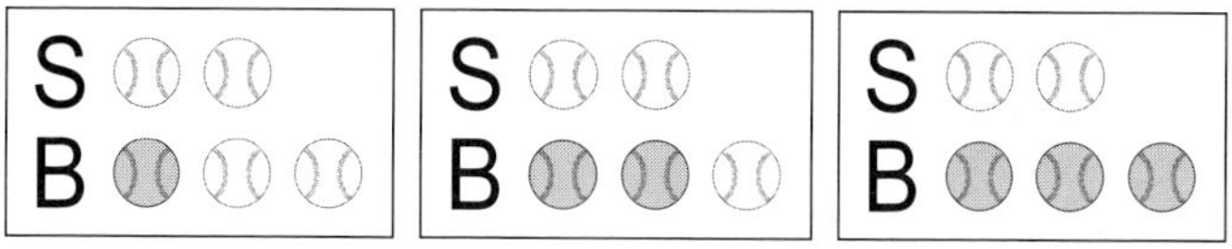

バッター有利のカウント。前述したとおり、バッターはワンストライクなら取られても構わないという心理状態にいるので、狙い球を絞ることができる。そして、その狙い球が来たら、思いっきり振れる。

また、狙いが外れたとしても見逃せる。別に見逃しても構わないという心理状態は、やはり圧倒的にバッター有利と言わざるを得ない。空振りをしても良い、見逃しても良い。バッテリーとしてはなんとしても避けたいカウントだ。

仮にこれらのカウントになってしまったら、バッターがそうした心理状態であることを理解した上で、狙い球を外しにいかなくてはならない。

唯一、０－３に関して言うと、バッターによって、あるいはチームの方針で確実に打ってこないというケースが多々あるので、気にせずにど真ん中に投げられることもある。

１－１　五分

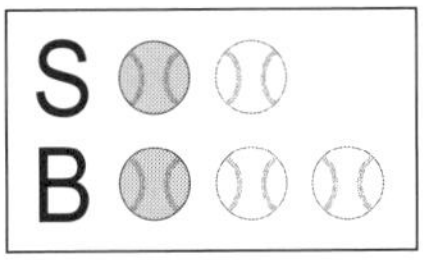

ここはカウントの「重要な分岐点」である。当然のことながら、ここで投じられる次のボールは２－１か、１－２にしかならない。

２－１になれば、ピッチャーはバッターを追い込むことになる。しかし１－２というのは一転、俗に言うバッティングカウントである。ピッチャーは１－２にしたくない、バッターは２－１にしたくないという心理が働くカウントである。**バッターは見逃したくないという心理**

状況だということも忘れてはならない。

いずれにしても、この１－１というカウントは、**お互いが勝負をかけなければならない五分五分のカウント**である。

１－１だから特にこうしなければならない、というものはない。いろいろな側面を加味して勝負に出ることを心がけよう。

１－２、１－３　バッター有利

１－２は明らかにバッター有利のカウントである。ピッチャー側からすると、１－３は四球が見えてくるのでできれば２－２に持っていきたい。従ってできるだけストライクに近いところで勝負にいきたい。

にもかかわらず、バッター側からすると、２－２にはされたくないので積極的に打ちにいこうとする。**バッターが積極的になり、ピッチャーがストライクを投げたくなる状況**、つまりピッチャー側にとっては非常に危険なカウントだ。１－３は、そうしたピッチャー不利の状況がさらに強くなる。

しかしバッターを四球で出しても良いかどうかでその性質は変わってくる。ピンチの局面でホームランバッターを打席に迎え、一塁が空いているので四球を出しても構わないという状況であれば、1－2と1－3はさほど変わらない。

だが、四球を出したら面倒な状況になる、例えば俊足のバッターなどの場合、1－2と1－3ではやはり違う。そういう局面でピッチャーは四球を出したくないので、必然的に勝負にいかなければいけない。バッター側はその心理を逆手に取れるわけで、どちらにしてもピッチャーにとっては不利だ。

2－0、2－1　ピッチャー有利

言うまでもなくピッチャー有利のカウントである。なにしろ**「ストライクを投げる必要がない」**。しかもバッターは三振したくないのでスウィングしないわけにもいかない。だが、バッターの積極性は0ストライク、1ストライク時よりも下がっている。このカウントで思いっきり振ってしまえば三振のリスクが高いからだ。つまりバッターがミート中心の考え方になっている以上、やはり不用意にストライクを投げることは危険だ。

とはいえ、69ページの表でもあるように、バッターは追い込まれたら途端に打率が下がってしまうというデータがある。イチローのような良いバッターでも２ストライクを取られたときの打率は、他のカウントよりも下がってしまうのだ（88ページの表参照）。油断は禁物だが、有利であることは間違いない。

ところで、２－０からストライクを投げる必要はないと言っても、意味もなく外角に外すのは良くない。必ず伏線となるような外し方をしないといけない。

例えば、バッターが１球目をカーブで空振り、２球目もカーブを空振りしたとしよう。そうして３球目は、外角にボールのストレートを投げる。するとバッターの感覚として、ボールになった球は、２球続けて来ないと思う。また、カーブを三回続けて空振りするわけにはいかないというプライドもあり、バッターは当然カーブ待ちになる。そうしたところへストレートを投げ込むと、伏線となった３球目の効果もあり、バッターは手が出なくなる。

２－２　ピッチャー有利

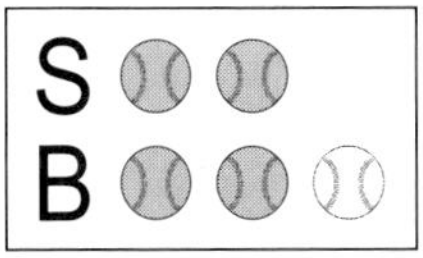

２－１同様、まだピッチャー有利と考えていいのではないだろうか。この局面、バッターは前述のとおり、三振のリスクがあり、心理的な余裕がない中で、**ピッチャ**

イチロー、カウント別打率＆本塁打率

カウント	打数	安打	本塁打	打率	本塁打率
0－0	54	22	2	.407	.037
0－1	57	28	6	.491	.105
0－2	15	5	1	.333	.067
0－3	2	1	1	.500	.500
0 ストライク計	128	56	10	.438	.078
1－0	28	10	0	.357	.000
1－1	39	13	2	.333	.051
1－2	31	11	1	.355	.032
1－3	16	6	1	.375	.063
1 ストライク計	114	40	4	.351	.035
2－0	12	2	0	.167	.000
2－1	52	14	5	.269	.096
2－2	65	15	1	.231	.015
2－3	40	14	1	.350	.025
2 ストライク計	169	45	7	.266	.041
シーズン	411	141	21	.343	.051

（1999年、オリックス）

カウント	打数	安打	本塁打	打率	本塁打率
0－0	95	42	2	.442	.021
0－1	81	34	2	.420	.025
0－2	40	14	1	.350	.025
0－3	1	0	0	.000	.000
0 ストライク計	217	90	5	.415	.023
1－0	69	34	2	.493	.029
1－1	74	25	0	.338	.000
1－2	40	15	1	.375	.025
1－3	27	9	0	.333	.000
1 ストライク計	210	83	3	.395	.014
2－0	46	8	0	.174	.000
2－1	99	25	0	.253	.000
2－2	84	26	0	.310	.000
2－3	36	10	0	.278	.000
2 ストライク計	265	69	0	.260	.000
シーズン	692	242	8	.350	.012

（2001年、マリナーズ）

WBC に向けて、オーストラリア代表と強化試合を行う。天才バッターの名を欲しいままにするイチローでも、2 ストライク後の打率は下がる。（2009年 2 月24日）

ーはまだ2－3までいけるという余裕がある。バッテリーとしてはその余裕を優位として捉えていいと思う。

2－3　五分

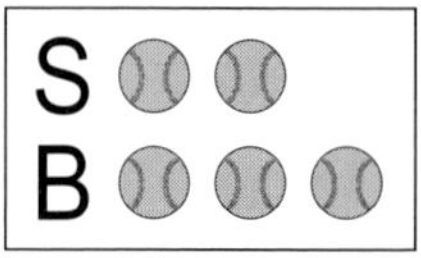

ここで五分の局面になる。しかしこの2－3までいってしまっても、ストライク先行の組み立てがしっかりできていると、この戦いも常にピッチャーが心理的優位に立って進めることができる。そういう考え方ができていれば、配球もシンプルに組み立てることができ、また五分の状況になっても余裕のあるルートを通っていろいろ試せたことで、多少心理的には有利という状況を作ることができる。

ボールカウントが支配すると冒頭でも述べたとおり、ピッチャー有利なルートでカウントを組み立てていくと、自然と楽に野球を進めることができる。逆に不利なカウントばかり通っていくと、結果として自分たちの首を絞めてしまうことになる。

配球についてはいろいろな理論があるだろうが、「カウントが支配する」ことと、「カウントには有利なルートがある」ことを認識して進めていくと、意外とシンプルに配球展開を構築することができる。常にピッチャー有利な状況を導き出せれば、それが絶対とは言わないまでも、限りなく理想の配球に近いのではないだろうか。

ボールカウントのルート
(松井秀喜を例にして)

ここではさらに、ボールカウントのルートの重要性について具体例を用いておさらいしておこう。例えば、ここに現在ヤンキースで活躍中の松井秀喜が打席に立ったとしよう。

まず松井とはどんなバッターだろうか。少なくとも彼がホームランバッターであるということは周知の事実だろう。通常、ホームランバッターは大振りするという印象からか、選球眼が悪いと思われがちである。しかし松井秀喜は違う。彼はどっしり構えて、後ろ足(左足)にしっかり重心を溜め込んで打つ。そしてなんと言っても選球眼が非常に良い。

選球眼が良く、なおかつホームランがあるパワーヒッターというのは、対戦する側からすれば最も難しく、嫌な相手である。こういう困った相手に対し若いピッチャーが陥る傾向として、まずコーナーを際どく突こうとしてボールになってしまうことがある。

真ん中を投げて打たれるのが怖いという心理が働き、

松井秀喜、カウント別打率＆本塁打率

カウント	打数	安打	本塁打	打率	本塁打率
0－0	61	25	7	.410	.115
0－1	37	16	5	.432	.135
0－2	13	8	2	.615	.154
0－3	1	0	0	.000	.000
0 ストライク計	112	49	14	.438	.125
1－0	26	13	3	.500	.115
1－1	54	22	6	.407	.111
1－2	37	20	6	.541	.162
1－3	16	5	2	.313	.125
1 ストライク計	133	60	17	.451	.128
2－0	24	7	1	.292	.042
2－1	72	17	7	.236	.097
2－2	88	20	7	.227	.080
2－3	71	14	4	.197	.056
2 ストライク計	255	58	19	.227	.075
シーズン	500	167	50	.334	.100

（2002年、巨人）

カウント	打数	安打	本塁打	打率	本塁打率
0－0	78	26	2	.333	.026
0－1	76	24	1	.316	.013
0－2	18	7	0	.389	.000
0－3	4	3	1	.750	.250
0 ストライク計	176	60	4	.341	.023
1－0	51	16	1	.314	.020
1－1	65	17	2	.262	.031
1－2	41	21	3	.512	.073
1－3	24	11	2	.458	.083
1 ストライク計	181	65	8	.359	.044
2－0	42	10	0	.238	.000
2－1	66	9	1	.136	.015
2－2	87	17	1	.195	.011
2－3	71	18	2	.254	.028
2 ストライク計	266	54	4	.203	.015
シーズン	623	179	16	.287	.026

（2003年、ヤンキース）

2003年、ヤンキースに移籍した松井秀喜。選球眼が良いパワーヒッターは、
バッテリーを悩ませる。

それを恐れてコーナーを突こうとしてしまう。結局ボールになり、０－１という松井に有利なカウントになってしまうことが多々あった。バッター有利の状況下で、次のボールはうまくいけば１－１、悪ければ０－２である。

つまり、松井と対戦するピッチャーがよく陥る傾向として、**初球にボールから入り、その後、０－２、０－３とどんどんカウントを悪くしてしまうことが多い**だけでなく、仮にストライクが取れたとしても、１－１から１－２、１－３になり、上手くいっても２－３という、常にピッチャー不利の状況を作ってしまうということがあった。

２－３というカウントにたどり着くには最低でも５球を要するわけだが、このルート（道筋）を辿ってしまうと、同じ５球でも常にバッターの松井が有利な展開で進行してしまうのだ。もう一度81ページのカウントのルート表を見て、しっかり確認して欲しい。

選球眼の良いパワーヒッターという最も恐れるべきバッターに対して、さらに相手に良い条件を与えてしまうのは愚策と言えよう。しかし実際には、松井に限らずこのように良いバッターに対して、余計に相手有利のカウント環境を作り上げてしまうケースが往々にしてある。その結果、半ば必然的に長打を食らってしまうのだ。では、どうすれば良いのか？

バッテリーはいかに優れたバッターが相手であろうと、

必ずどこかでストライクをとらなければならない。０－１になっても、０－２になってもストライクを投げなければならないのは変わりない。ならば、なんとしても初球からとりにいくべきではないだろうか。

前述の通り、同じ１－２というカウントにたどり着くとしても、１－０を通った場合と０－１を通った場合とではバッターの心理は違うのだ。相手が良いバッターであればあるほど、こちらが不利な状況に身を置くべきではない。

そう考えると、**良いバッターにはまず初球ストライクをとるという考え方が必須条件になる。**先ほどの各カウント分析で、０－０に最も多くを費やしたのはそういう理由からである。

ここで念のため注意しておいて欲しいのは、前にも述べたが、ストライクを投げるのと、ストライクを取るのとでは全然違うということだ。ホームベースの上に投げることばかりがストライクをとることではない。

１－０さえ取ってしまえば、あとはもうひとつストライクを取ればいいのである。考え方もシンプルになる。セ・パ両リーグのカウント別打撃表だけでなく、イチローや松井のデータにもあるように、どんなに優れたバッターでも追い込まれれば、打率はグーンと下がるのだ。その優勢は明らかである。

初球のストライクを打たれたらどう説明するか。もちろん野球は勝負なので、初球ストライクが打たれないとは限らない。しかしだからと言って０－１、０－２にしたら打たれないかと言えば、そんなことはないわけで、不利な心理状況が長く続いてしまうことを考えれば、やはり初球にストライクは取るべきである。

最悪なのは、カウントを悪くして打たれることであるが、実はその最悪のパターンが一番多いのも事実である。アマチュアの指導者の方もそのへんの評価を間違えないでいただきたい。

また、０－２になったらどうせ打たれる確率が高くなるのだから、思い切ってストライクを取りにいって、それで打たれてしまったのなら仕方ないと割り切ろう。

例外は、バッターが初球ストライクを狙っているという、ある程度の根拠がある場合と、四球を出しても構わないという局面だけだろう。とにかく、良いバッターをこちら側でさらに良いバッターにしてしまわないためにも、初球のストライク、早い段階でのストライク先行というのは非常に重要であるということを理解して欲しい。

ストライクを取るために
ピッチャーがすべきこと

バッターを圧倒してしまうスーパーエースは、数多く存在しない。私が受けた中では1993年の伊藤智仁がそうだったが、バッターがある程度球種を絞っていたとしても手がつけられないような存在ならば、さほど配球も難しくはないだろう。

しかし多くのピッチャーは、そこまで圧倒的なものを持ち合わせていないのが普通である。ではスーパーエースではないピッチャーたちはどういう考え方を持つべきだろうか。

具体的なストライクの取り方については先ほど述べたが、それ以前にストライクを取りやすい環境を作る上でピッチャーがどういう努力を必要とするかについて、ここでシンプルに3つの事柄を提案しておこう。

（1）球種を増やす

プロ野球のレベルまで上がってきたピッチャーの中には、新しい変化球を覚えようとしない人がいる。これは不思議に聞こえるが、彼らは多くの成功体験を経てプロにまで上がってきている。現状にある程度の満足感を持っているのは当然のことかもしれない。

しかし、それらの成功体験を理由に上積みを求めないのであれば、それは進化に結びつかない。いかに成功を経てこようが、上のレベルで戦うには進化が必要だろう。まさに野村監督の「変化は進化なり」だ。変化を恐れていては何も始まらないのである。

これまで受けてきた中で、最高と認めるピッチャー、伊藤智仁。
（1997年 5 月 4 日、神宮球場）

先ほどのストライクを取りにいく観点から言うと、球種が増えることのメリットは、非常に大きい。ストレート、カーブ、スライダー、フォークこれら４つの球種すべてでストライクを取れる自信があるピッチャーがいたとしよう。この場合バッターは、単純に球種を絞りにくい。球種が増えれば増えるだけ、バッターの読みの選択肢は増えるということだ。そのピッチャーが、シュートやシンカーというボールを覚えたらさらに厄介であることは言うまでもない。

（２）コントロールを良くする

いくら変化は進化なりと言ったところで、球速はそう簡単には上がらない。プロに入ってくるピッチャーで、マックス145キロを投げるような選手が、「自分の得意球はストレートで、それをもっと磨きます」というようなことを話したりするが、本当にバッターを抑えたいのなら、コントロールを磨けばよいのではないかと思う。

ストライクを取る方法は３つあるが、仮にバッターが球種を絞っていたとしても、ピッチャーがコーナーギリギリでストライクを取る能力があるのなら、早い段階でのストライクは俄然取りやすい。バッターが見逃す可能性が高くなるし、打ってもファールになる可能性が高いからだ。

球種がまだそれほど多くない段階であれば、**何かひと**

つこの球種ならコーナーを突けるというコントロールは身に着けておくべきだろう。

メジャーで300勝を上げたグレッグ・マダックスは、「精密機械」という異名をとり、そのピッチングは「針の穴に糸を通す」と形容されたが、彼の初球の入り方は、常にコーナーを厳しく突いて見逃し、あるいはファールを取っていた。マダックスは他のメジャーのピッチャーと比べてもそれほど球速が速いわけではなかったが、そのコントロールの良さが大きな武器となり、サイ・ヤング賞の常連となったことはあまりにも有名だ。

（3）固定観念をなくす

かつてヤクルトに在籍したギャオスこと内藤尚行が、初球フォークボールのサインに敏感に反応したことがある。彼の言い分は「オレの勝負球を一球目から要求するとは何事だ！」ということである。

恐らく彼の中では、ストレートやスライダーでカウントを稼いで、最後はフォークで勝負という考えだったのだろう。この考え方だけでは危険である。私の考えでは、これは裏をかくチャンスなのである。

バッターにしてみれば、初球からはないと思っていたフォークボールが投げられるということで、狙い球の選択肢が増えてしまう。また内藤が勝負球だと認めている通り、それはバッターにとっては最もやっかいなボール

グレッグ・マダックス　20年連続 2 ケタ勝利を記録するなど、メジャー屈指の技巧派投手。

である。初球に来られると、空振りになるかファールになるか、それどころか内野ゴロで打ち取る可能性すら高いのだ。

　また、それまでストレート、スライダーに山を張って積極的に打てていたバッターに対しても、フォークがあるとなると話は変わってくる。「内藤の初球はわからないから見ていこう」というように、バッターの積極性を落とす効果もあるわけだ。

　もちろん待球派のバッターに初球フォークは不要だし、勝負球は最後まで取っておこうという考え方自体も悪いとは言わない。しかし、それだけ良い球ならば、早い段階で使っておけば打たれない可能性が上がるし、何よりもそのピッチャーの投球の幅が広がるというものだ。

　実際、内藤はその後明らかに投球の幅が広がったし、それまでなかなか打ち取れなかったバッターにも「はまった、はまった！」と満足そうに話していた。こうした一見正しいかのような固定観念を覆す勇気も、バッテリーには必要だ。その結果、大きな進化が得られるかもしれないのだから。

第6章

キャッチャーと守備

ファンブルしないコツ

キャッチャーの守備は特殊だ。打ち損じたボールか、バントしたボールの処理にほぼ集約される。ここで重要になってくるのは大きく分けて2つある。

（1）ファンブルしないこと
（2）正確に送球すること

正しい送球については先ほども述べたので、言うまでもないことだろう。ここではファンブルしないためにはどうしたら良いかを考察してみよう。

バントの打球をファンブルしてしまうことは、キャッチャーが守備の面で最もやってはいけないことだ。まずここでやらなければならないのは、ボールを**「しっかりつかむ」**ことだ。

確かに、バント処理は迅速に行なわなくてはならない。場合によっては二塁のランナーを刺すという、守備側を大きく鼓舞するプレイにつながることもある。だが、それ故に慌ててしまってボールを落としてしまっては元も子もない。ノーアウト一塁というただでさえピンチの状況を、ノーアウト一・二塁という、さらに悪い状況に導いてしまう可能性もあるということだ。

なので、ファンブルは絶対してはいけない。私の場合、まずは「しっかり捕る」ということを自分に言い聞かせながら臨んでいた。

キャッチャーが捕りにいくボールというのは、打ち損じか、バントの打球なので、「ほとんどボールが止まっている」状態である。さて、こういうボールをしっかりつかむにはどうすれば良いか。ここでもよく「両手でがっちり捕りにいこう」と指導なさる人は多い。確かにボールがまだ動いている状態であればミットを使って両手で捕りにいく方が良いだろう。

しかし、止まっているボールに関してはしっかり両手で捕ることはお勧めできない。なぜなら、キャッチャーミットは他のグラブと比べて分厚い。両手で捕りにいくことは、すなわちこの分厚い部分と右手とで、止まっているボールを掬い上げるということになる。これこそ実は、ファンブルしやすい捕り方なのだ。

捕球のところでも述べたが、キャッチャーに関しては、両手で捕るという概念を、かなり大胆に捨てる必要があると言える。

では、どう捕ればファンブルしにくいか。実は、**キャッチャーミットをはめていない右手で、上からつかむのが正しい**。子どもの頃、虫を捕まえるのに、上からガバッと捕まえたことはあるだろうか。まさにそういう感じで、滑らないようにしっかり、ガバッと手のひらで抑えてからつかむ。パチンと上から叩くという感じに近いと言ってもいいかもしれない。これが最もファンブルしにくい。

ただし、右手で捕る際、横から払い上げるようにしてはいけない。これは最も失敗しやすい捕り方だからだ。「上からつかむ」のがポイントだ。

止まっているように見えるボールでも、実はクルクル回転している場合などがある。そういう回転を一回止める意味でも、まず**手のひらで叩いて止める**という作業が必要になる。これを怠って右手ですぐに捕りにいってしまうと、滑って落としてしまうことがよくあるのだ。

投げる方の手で捕るので、次の送球への時間もミットで捕球するよりは短縮できる。キャッチャーのフィールディングに関しては、目の前でバウンドしたなどというケースでない限りは右手でしっかりつかもう。その上で正確に送球するというルーティンを徹底させよう。

ランナー一塁でキャッチャーが捕球した場合の判断

ランナー一塁という状況で、バントなどでキャッチャーが捕球した場合、当然のことながらキャッチャーには一塁に送球するか、二塁に送球するかの判断が求められる。右バッターが送りバントした場合、**キャッチャーの**

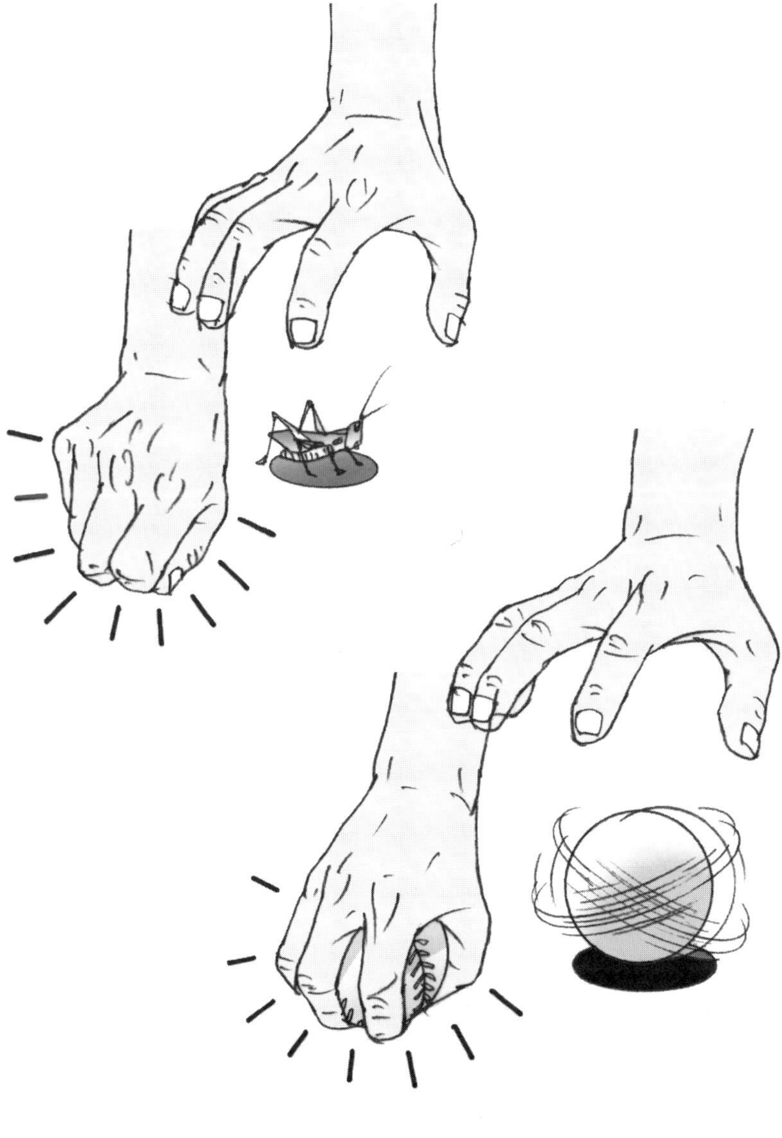

やみくもに片手でというわけではない。
虫を捕るイメージで、ボールの真上から、ガバッとつかむのがポイント。
決してボールの横から捕りにいってはいけない。

1997年10月21日、西武ライオンズとの日本シリーズ第３戦。8回表、西武ノーアウト一、二塁、佐々木のバントを捕ー三ー一の併殺打とする。

前をバッターが通過するのを待っているようでは、二塁で刺すことはまず不可能だ。バッターより先に出るぐらいでないと二塁で刺すことは難しい。

もちろん、バントしたボールはすべてキャッチャーが処理するわけではない。およそ**半径３メートル以内**の範囲で打球が止まっている場合がキャッチャーの処理範囲だろう。

タイミング良くバッターの前に出て、かつ打球が止まっていて、それをしっかりと捕球できれば、二塁でランナーを刺すことは可能だ。

従って、バントになりそうな時点で、「キャッチャーゴロになれ」、つまり「ボールが全く動かない状態ですぐ近くに落ちる失敗バントになれ」と思い、その際は自分がすぐ捕りに行く心構えを持つことが必要だ。

左バッターの場合もタイミング的には同じことである。交錯することがないだけ前に出やすい。また右バッターの場合でも、仮に交錯したら、ほとんどの場合がバッターの守備妨害になり、キャッチャーの走塁妨害になることはない。バッターランナーは、守備をする野手をよけなくてはならないルールがあるからだ。

交錯しそうな場合でも、ぶつかっていくぐらいの気持ちで臨んでよいだろう。バッターランナーに遠慮してみすみす送りバントを成功させてしまうのはもったいない。

また、ボールを止まらせることを意図的に狙うこともある。バントがキャッチャーゴロになるのは、往々にしてバットの先に当たってしまう場合である。これは**バッターの外側へ逃げていく変化球を要求する**ことでその可能性は上がる。ただし焦りは禁物で、無理だと判断したら冷静に対応して一塁に投げるようにしよう。

キャッチャーフライの対処

キャッチャーフライは、**スピンがかかり、どの方向に打ち上がっても必ずボールが戻ってくる**ようになっているという性質を理解するべきだろう。バックネットの方に上がってもピッチャー側に戻ってくるし、一塁側スタンドの方に上がってもグラウンド側に戻ってくる。

例えば、バックネット側にちょっとでも上がったボールはバックネット側を向いて処理した方が捕りやすい。向く方向を間違えると、意外にスピンが利いてボールを落としてしまうことがある。

また、よく「フェンスにつけ」という教えがあるが、そこまで行くとボールが戻った場合に「バンザイ」の状態になって落としてしまうことがある。フェンスの近くに行ったとしても、１～２メートル手前までにしよう。フライボールは自分の前で処理することを心がけよう。捕球の仕方としては、おなかの前でミットを上側に向けて捕るやり方は間違っている。

最後に、注意が必要なのは、真上に上がったキャッチャーフライだ。これはピッチャーや野手方向に逃げていくので、この場合は一塁手や三塁手に捕ることを指示しよう。

キャッチャーのカバーリング

キャッチャーの動きの中で忘れてはいけないのがベースカバーである。ベースカバーを怠るキャッチャーはチームメイトから信頼を得られない。正しい目的意識をもって、どんなに些細なことでも神経を集中させて動かなければならないのだ。ここでは具体的なキャッチャーの動きについてシチュエーション別に説明しておこう。

（1）内野ゴロの一塁カバー

内野ゴロでのカバーリングの目的は、内野手の一塁への悪送球から余分に進塁させないことに尽きる。キャッチャーはセカンドゴロ、あるいは二塁から一塁へのダブルプレーの際には、**必ず一塁手の後ろ側に走らなければならない。**

この際、多少面倒でも全力でカバーリングにいかなくてはならない。セカンドゴロやダブルプレーの際に、一塁手をカバーできるのはキャッチャーだけだ。悪送球したあとのカバーリングがあるか、ないかは進塁を防ぐという意味では非常に重要だ。できるだけ迅速にカバーに入るように心がけよう。

その他の内野ゴロ、つまりサードゴロ、ショートゴロの際は、右翼手、二塁手もベースカバーにまわる。しかし残念ながらここでもキャッチャーは休んでいる時間はない。ショートやサードから来る送球が後ろに逸《そ》れた場合は、二塁手や右翼手のほうが、キャッチャーよりも早く一塁手の後ろにカバーできる。だが、一塁手が送球をはじいてボールがホームベース側に逸れた場合は、キャッチャーしかカバーできない。

（2）ノーアウト、ランナー一塁でのバントケース

ノーアウトランナー一塁で、相手が送りバントをしてくるケース。このケースではバッターランナーは気にせず、一塁ランナーを三塁に進塁させることを絶対に避けなければならない。アマチュアでは「バントエンドラン」を仕掛けてくることがよくあるが、とにかくランナーを三塁に行かせてはいけない。

三塁手がバントの打球を捕球したら、キャッチャーは**即座に三塁のカバーにまわらなければならない。**このケースではピッチャーも三塁手も打球を追ってしまうので、どうしても三塁ががら空きになってしまう。このとき三塁をカバーできるのはキャッチャーだけなので、この動きは必要不可欠だ。

ピッチャーが捕球した場合、基本的に、三塁は三塁手がカバーすることになるが、ピッチャーと交錯して三塁手の戻りが遅れるなどということがないとも限らない。確率が低いことでも万全を期すことがベースカバーの基本なのである。

1997年の西武との日本シリーズは、古田対伊東の「頭脳の対決」と言われた。
結果は、ヤクルトが 4 勝 1 敗で勝ち、2 年ぶり 4 度目の日本一となる。

そうした少ない可能性も想定して、しっかりカバーができるかどうかは、キャッチャーとしての資質を見極めるだけでなく、チームの信頼を得るためにも重要な項目なのである。

このようにシチュエーションに応じて、キャッチャーの動きはバリエーションに富む。常に目的を頭にインプットしておかなければ、正しく迅速には対応できない。それぞれの状況下で、キャッチャーはいかに動かなければならないか、考えてプレーするようにしたい。

では、ここでいくつかシチュエーション・クイズを出しておく。キャッチャーがどう動くべきか、みなさんも考えてみて欲しい。

Ｑ１：２アウトランナー三塁での内野ゴロ、キャッチャーはどう動くか？

Ａ１：一塁ベースカバー

解説：２アウトの状況で、バックホームという選択肢は99パーセントないと考えて良い。ならば基本どおり、一塁へのカバーリングに走るべきだ。

Ｑ２：２アウトランナー二塁での内野ゴロ、キャッチャーはどう動くか？

Ａ２：ホームベースを守る

解説：この状況ではホームベースをあけてしまうわけにはいかない。エラーなど、次のプレーによっては二塁ランナーがホームに進塁する可能性があるからだ。

ランダウンプレーへの参加

ランダウンプレーの基本は、若い塁に追い込む形で対応すべきだろう。二、三塁間にランナーが挟まれた場合、キャッチャーは三塁手のカバーに回り、一塁手に本塁カバーを指示する。スクイズ失敗や、バックホーム態勢での内野ゴロなどでの三本間挟殺プレーは、キャッチャーと三塁手が主導で行なう。ここでのミスは即失点につながるので、絶対に許されない。

バッターランナーを進塁させず、早くアウトを取るのは基本だ。しかし三本間だけは、他の野手の本塁カバーが間に合わないこともあるので、時間をかけてもいいから確実にアウトを取ることを優先させる。

２アウト一塁で、ピッチャーのけん制に対してランナーが飛び出した場合のランダウンプレーには、キャッチャーは一塁手のフォローとして参加する。この場合、一塁のカバーにはピッチャーとキャッチャーが入る。

キャッチャーはプロテクターやレガースなど道具をつ

けているので、ランダウンプレーには参加しない方が良いと思われがちだが、優先順位としてはピッチャーよりはキャッチャーが参加するべきだろう。

ブロック

ホームベース上でのランナーのブロックについては、アマチュアとプロでは違うだろう。アマチュアではレベルに応じてブロックそのものを禁止しているところもあるかもしれない。それほど危険なプレーである。

プロでいえば、捕球前はベースの前に出るのが主流だ。ボールが来てもいないのに、ブロックするのはルール違反である。ボールを捕ってからブロックに入るという順番だ。

マスクに関しては外さない方がいい。私も若い頃は、マスクを外してブロックしていたが、体当たりをくらって眼鏡を飛ばされたこともあり、それ以降はマスクを外さないようにした。

また、左足をベースの左側にブロックする形が以前は取られていたが、これは危険である。レガースは前から来るものをガードするが、横から来るものはガードできない。このブロックで刃がついたスパイクが突っ込んできたらケガのもとだ。正しくは**ランナーに正対してレガ**

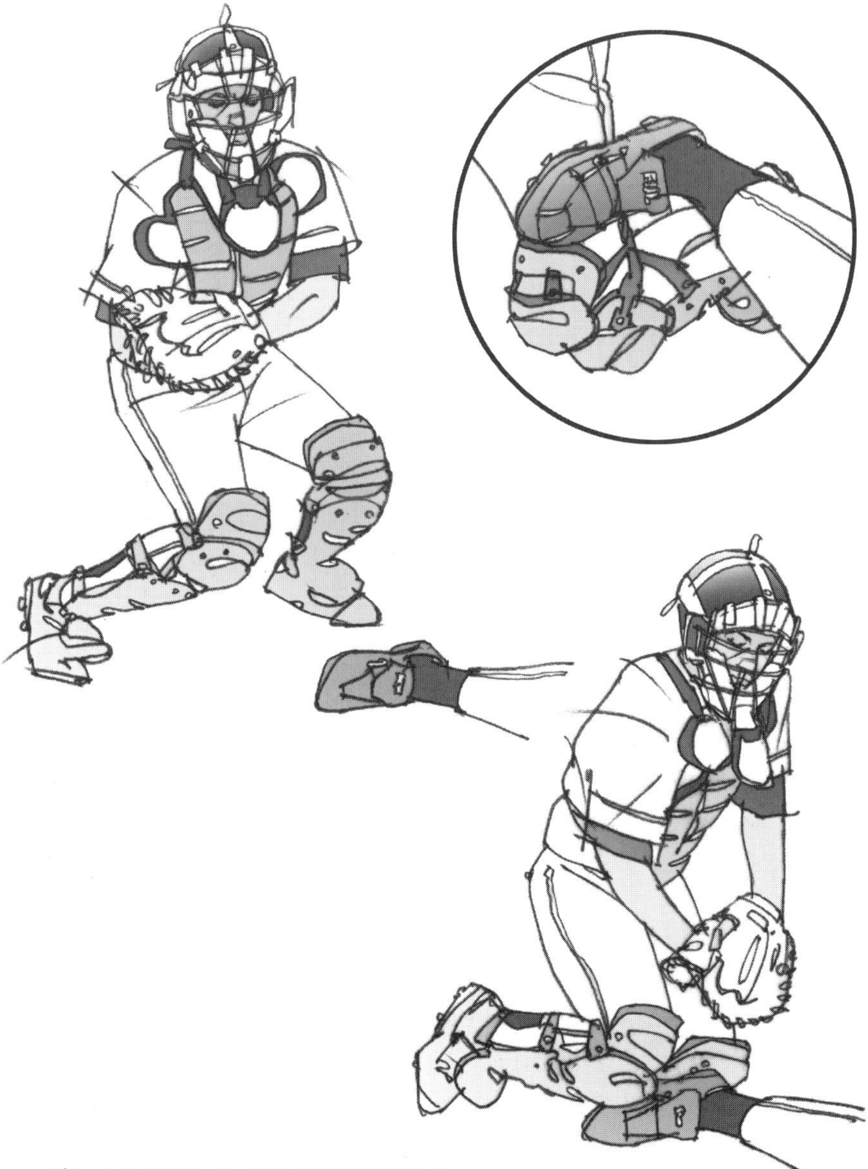

ブロックする際はレガースのある両膝で抑える。
円内のように左足を出すのは危険だ。
一か八かというときだけにしよう。

ースの固い部分を相手に向け、ホームベースをまたぐ歩幅で、やや内股気味に膝を低くして待つ体勢が好ましい。そこから、しゃがみ込むようにタッチする。

クロスプレーでランナーが最終的にタックルを仕掛けてくるときに、よくランナーに対抗して踏んばれと言うコーチがいるが、実はこれは危険なプレーである。ランナーは全速力で走ってきているのだ。まともに当たりに行ったら落球をしてしまうおそれがあるし、大ケガをしてしまう可能性もある。

ここは力比べをする場ではないので、**当たられる瞬間に力を抜いて吹っ飛ばされた方がいいだろう。**これはランナーから逃げるという意味ではない。当たる瞬間に飛ばされた方が相手の力を逃がすことになり、落球のリスクも減るのだ。見た目は確かに吹っ飛ばされたような派手な形にはなるが、実際はそのほうが安全だということを認識しておこう。

私も92年の日本シリーズで、ホームに突っ込んできた清原和博に吹っ飛ばされているが、ここでもし、こちらも当たりに行っていたらケガをするのは間違いなくこっちだっただろう。かつて、オリックスの中嶋聡捕手（現日本ハム）が、ロッテの巨漢メル・ホールのタックルをまともに受けて足首を骨折したことがある。あれも吹っ飛ばされていれば、ケガは避けられたかもしれないと思えるプレーだった。

1999年 9 月16日、シドニーオリンピック出場をかけて、プロ・アマの合同チームで中国チームとの戦いに臨んだ。日本代表が 3－0で勝利する。(韓国・ソウル・蚕室野球場)

タッチプレー

タッチプレーに関して、ミットを地面につけておくタッチはお勧めできない。ミットが地面についていると、スライディングの足が少し上がって入ってきた場合、スパイクが手首や腕に当たってしまう。そうすると落球やケガをする可能性が高くなるからだ。

もちろん非常事態の場合、地面につけておかないとしっかりタッチできない状況もあり得る。しかし理想を言えば、地面より少し上でしっかりタッチすれば良いと思う。これも落球やケガを避けるためのプレーである。

タッチの場合は右手でしっかりボールを握るのが基本である。タッチをしたら、速やかにアンパイアにボールを見せよう。アンパイアは、ボールを持っているのを確認してからアウトのコールをするからだ。アウトのコールがないと、バッターランナーの進塁を防ぐための送球など、次のプレーに進めない。タッチしたら、すぐに見せることが大事だ。

連係プレーの基本とは

ランナー二塁でシングルヒットが出た場合、外野手からの返球をカットするか、それともスルーしてホームベース上でのクロスプレーにするか、判断を見極めるのもキャッチャーの仕事である。

ここで重要になるのがキャッチャーの声出しである。カットするか、しないか、約束事をあらかじめ内野手と決めておいて、他の塁に投げる場合は、指を使ってしっかり伝わるように指示を出す。

さらに、カットした場合、その後にどこに投げるかといったことまで指示を出さなくてはならない。これらの判断は全体をしっかり把握していないとできないことだが、まず伝わらなければなんの意味も成さない。まして

2006年２月１日、スタートした春季キャンプで宮本（左）らの打撃練習を見守る。
（沖縄県浦添市・浦添運動公園）

声を出さないなどは論外である。失点に直結することなので完璧にこなさなくてはならない。しかし論理上わかっていても、意外にしっかり声が出ていないキャッチャーは少なくない。

声を出すことにもコツがある。私は声を出すことは、普段から声を出していない人間には絶対にできないと思っている。しっかりと野手に指示を伝えることのできるキャッチャーは、必ずと言っていいほど練習中から声を出している。**練習中に限らず、普段から野手とのコミュニケーションをしっかり取っている**。そうしたキャッチャーほど、実際のプレーでもしっかりと野手に指示を伝えることができるのだ。

第7章

捕手・古田敦也の仕事

試合を作るということ（攻撃的な守備）

この本のもとになった、テレビ朝日の「フルタの方程式」という番組の中で、独立リーグでキャッチャーとして活躍している選手をスタジオに呼んで、「キャッチャーの仕事とは何か？」と聞いたことがある。そのとき、その場にいた何人かの選手が、「試合を作る」と答えたのだ。

確かに、キャッチャーは「試合を作る」と言われる。私は正直あまり考えたことはなかったが、しいて言うと、ひとえにしっかり守って、攻撃に生かそうということになるだろうか。

あくまで目標は相手を０点に抑えるという中で、その抑え方についても様々な方法があるだろう。三者凡退の後に逆転があるだとか、守りでリズムをつかむといった言葉が野球界ではまことしやかに語られている。実際のデータに当てはまるかどうかは別として、良い守備で劣勢を乗り切ったり、三者凡退でリズム良く守備を終わらせたりすると、次の攻撃は上手くいくのではないかという雰囲気は確実に作ることができる。

逆に、守っている時間が長いと、当然、肉体面でも精神面でも疲れが残り、知らぬ間に集中力を欠くということもあるからだ。従って、**負けているときこそ、そうした雰囲気とリズムを喚起するリードが必要になる。**

29年ぶりの兼任監督となり、阪神との開幕試合を迎える。
ベンチから戦況を見守る。(2006年 3 月31日、神宮球場)

よく「マウンドで何を話しているのですか」と聞かれることがある。別に「元気を出していこう！」など励まし合っているわけではなく、あそこでは「確認作業」をしているのだ。例えば、ワンアウト満塁という場面だったら、なんとかゴロを打たせてこのピンチをゲッツーで切り抜けようというような相談をする。
　確認作業の内容は、かなり細かくなることもある。極端なことを言えば、「１球目と２球目は真っすぐでボール球を投げ、そして３球目に真ん中にチェンジアップを投げて、ゴロを打たせてゲッツーをとろう（ゴロはピッチャーの足許を抜けやすいから）、ショートとセカンドは二塁ベース寄りに守ってくれ」というようなことまで打ち合わせすることがある。
　仮にゴロになったけれど、三遊間を抜けてヒットになってしまう場合もある。しかし、それはそれで仕方がないと思っている。こちらはピンチを切り抜けるために「攻撃的な守備シフト」をしいており、それが最善の策だと思ったのだから。
　ここではこれ以外に、劣勢の流れを変える具体例を２つご紹介しよう。

（１）味方が負けている状況。相手チームの攻撃、ワンアウト一塁、カウントは２－３

　ここで、チームの雰囲気を上げるには何が欲しいかというと、やはり三振ゲッツーだろう。相手チームは勝っているわけだから、積極的な攻撃を仕掛ける。
　こういう場合は、**フォークボールなどの落ちるボールで意図的に空振り三振を狙って、意図的に三振ゲッツー**

をとる。よく偶然とれたという人もいるが、狙ってやる場合もあるのだ。

　一塁ランナーは2－3というカウントで走ってくるだろうから、こういうときこそ、キャッチャーの腕（肩）の見せ所である。危険を冒してでも敢えてチームのムー

1999年7月27日、サンヨーオールスターゲーム第3戦。試合前に、シドニーオリンピック予選でバッテリーを組む松坂と32球の投球練習を行う。

ドが最も上がるであろうプレーを狙うことが重要だ。

もちろんこの選択は、ストライクゾーンを外れるボールを要求するので、ワンアウト一、二塁というさらに悪い状況に導く可能性もある。しかしどうせ負けているのだ。劣勢を取り返すには多少のリスクは背負わねばならない。そういう強い意識がキャッチャーには求められる。

（2）試合の終盤、少差だがリードされて負けている状況。相手チームがノーアウト、もしくはワンアウトでランナー三塁という状況。

相手チームは追加点が欲しいのでスクイズを仕掛ける可能性が大いにある。こういう状況では、敢えてスリーボールになってもピッチドアウトすることも劣勢を覆す方法のひとつだ。

仮にこのケースで、スクイズを決められ、ダメ押し点を取られたら相手の優位はますます固まるだろう。が、逆に**このスクイズを阻止し、アウトを取ることができれば、俄然逆転できるというムードが味方に湧く。**

四球を与えたところで、それは同じ状況が繰り返されるだけだ。こういう状況での優先事項は、一つの四球を嘆くより、チームのムードを上げる方に置かれるべきだろう。

バッターの狙い球を見抜く方法

バッターが何を考えているかがわかればキャッチャーもそれほど苦労はしない。対戦する前からバッターの心理が手にとるようにわかるということはまずないだろう。しかし、ある程度の傾向をもとにこういう可能性が高いというシチュエーションはあるといえる。

例えば、前の打席インハイのストレートに詰まってバットを折られ、内野ゴロになったバッターがいたとしよう。そういうバッターは次の打席、**「次は詰まりたくない」「インハイは振り遅れまい」という心理が働く**。つまり前の打席で打ち取られた球を警戒し、狙っている可能性が高いのだ。

逆に、前の打席でストレートをホームランにしたバッターが、同じピッチャーと再度当たったとしよう。このバッターは、前の打席でストレートを打っているので、次は変化球から入るのではないか？　と思うのが普通だ。なので往々にして打たれた球というのは、バッテリー側からすれば初球ノーマークになる可能性が高い。これがセオリーとしてある**「抑えた逆から、打たれた球から」**の考え方である。

配球の章でも述べたとおり、早い段階でストライクを取るのは非常に重要なので、こうした初球のマークを外すということは徹底して心がけたい。

もちろん、それだけがすべてではない。また、こうした推測が間違っている場合もある。そもそも初球というのは、バッターが何のリアクションも見せていないので狙い球を見分けるのは難しい。本当に困った局面では、**1球目を捨ててもいいから相手の出方を見るというのもひとつの方法だ。**

例えば、初球インコースにボール気味の速球を投げてみる。なぜインコースかと言えば、体の近いところに投げれば、それだけ反応が出やすいからだ。

この際、**バッターが打ちに行こうとして途中でスウィングをやめるというリアクション**があった場合、バッターは速球を狙っていた可能性が高い。速球を狙っていたから、ボールだと見極めてスウィングをやめたのだ。私たちキャッチャーは、実はボールを捕りにいきながら、そういった動きを注意深く見極めている。

逆にこのボールに「ピクリ」とも反応しない場合は、全く振る気がないか、変化球を狙っていたかのどちらかだ。ピッチャーが投げてからキャッチャーミットに到達するまで、ストレートは約0.4秒、変化球はもっと時間がかかる。そのような変化球待ちであれば、0.4秒のストレートが来ても動けはしない。バッターはたまたま見逃しただけだという顔をするが、実はキャッチャーから見たらバレているのだ。

一方で、微妙なコースの変化球を体勢を崩さず最後まで見極めて見逃したのなら、そのバッターは変化球を狙っているということがわかる。**こうした見逃し方ひとつにバッターの心理が隠されている場合が多い。**

さて、この初球のリアクションの後、バッターは狙い球を変えてくる可能性もあるのではないか？　というご指摘はあるだろう。しかしバッターには基本的に一定の願望がある。前の打席で詰まらされたバッターは、今度は振り遅れまいという心理があり、そういう心理はそうコロコロ変わるものではないのだ。

また、バッターには、**見逃している間はバッテリーには心理状態がバレていないと思っていることが多い**ので方針は変えてこないケースが多い。

逆に、タイミングが全然合っていないスウィングをしてしまった場合などは、「バレた」と感じて狙いを変えてくることは多々ある。従って、相手の見逃し方を見るというのは、狙い球を見分けるのに重要な作業なのだ。

このような「バレた」「バレてない」の対比が、配球を組み立てる上で重要になってくる。

ヨミが外れて見逃した後も、人によっては「参ったなあ」と声を出したり、うつむいたり、リアクションは様々だ。そうした行動パターンも把握しておくと有利なデータとして使える場合がある。先ほどの「参ったなあ」というバッターが、本当に参っているのか、はたまた全然参っていないのか、しっかり探る必要があるのだ。それとバッターによっては、**インコースへの積極性が高い時に、構えた時点で重心が後ろ寄りになっていたり、後ろ足の爪先が体の反転を楽にさせるために前向きになっていたりする場合もある。**

何も素振りを見せないバッターもいるが、そうした細かい動きを入念に観察していればバッターごとの特徴も見えてくる。観察した情報をしっかりインプットしておくと、いざという時に役立つ。しかしそこは、言葉は悪いが「騙し合い」である。相手のバッターもキャッチャーが観察していることを見越して裏を突いてくるというのもありえることを理解しておこう。

試合前のシミュレーション

ここでは試合前のシミュレーションについて少し述べておく。

守ることに関して言うと、キャッチャーは試合全体を最初から見ることより、**ひとつずつのアウトをどうやって取るかを考えたほうが効果的である。**例えば、試合のどのへんで投手を代えてというようなことは、どちらかというと監督やコーチに任せたほうが良いと思う。良い結果を出すために最善の努力を怠らないことはキャッチャーの仕事ではあるが、結果の責任を負うのは監督であると割り切るべきだ。

さて、野球における守備で、我々は全部で27のアウトを取らなければいけないという最低限のノルマを抱えている。この27のアウトは、９つのイニングに区切られている。だから、それぞれ３つのアウトをいかにして取るかを考えていくと、試合は作りやすい。

全員からアウトがとれるならそれで苦労はしない。また、１番から９番まで、全員が３割バッターならばシミュレーションなど必要ない。全員と勝負すればいい。

だが、実際は相手には得点能力の高いクリーンナップ打線が控えている。だから、好投手をつぎ込み、ロースコアの展開になりがちな日本シリーズのような短期決戦においては、具体的に**どのバッターと勝負し、どのバッターとは勝負しないか**といったシミュレーションまでしておかなければならない。３つのアウトを、誰からどのようにして奪うかを事前に想定しておくのだ。

まず、このシミュレーションでは、ピッチャーとバッターの相性を徹底的に分析しておく。勝負を避けるべきバッターには、最初から四球で歩かせると決めているわけではないが、カウントが悪くなっても不用意にストライクをとりいかない。

例えば、カウントが０－２となってスライダーのサインを出したとしよう。この場合、ボールになってもいいぐらいの気持ちで配球をすることもしばしばある。バッターがボール球に手を出してアウトになればラッキーである。

当然、ラッキーなことばかりではなく、想定外にアンラッキーなことも起こるのが野球。試合中に想定をリフレッシュして組み立てなおすことを繰り返すことが重要である。

この作業は面倒ではあるが、面倒なことほどしっかりやって初めて万全な準備と言える。そして準備を怠れば必ず後悔が生まれると肝に銘じておくべきだろう。

具体的なシミュレーション例

シミュレーションは、具体的に27アウトをひとつずつどう奪うかということを考えるわけではない。相手打線と自軍の投手陣の組み合わせを考慮して、どのような戦い方をしていくかを考える。2001年の日本シリーズ、対近鉄戦。この年の近鉄の中軸は、「いてまえ打線」と称された恐怖の中軸である。

3番タフィ・ローズ（左）、4番中村紀洋（右）、5番磯部公一（左）というクリーンナップを有し、1番大村直之（左）、2番水口栄二（右）。6番には吉岡雄二（右）が固定された典型的なジグザグ打線である。それ

2001年、近鉄との日本シリーズ第2戦。8回裏、近鉄ツーアウト一、三塁、ローズにライトスタンドに本塁打を打たれる。（大阪ドーム）

に対しこの年のスワローズの先発投手陣は石井一久、藤井秀悟、前田浩継と左ピッチャーが揃っていた。

この年、3番のローズは、3割2分7厘、55本塁打。

４番の中村は、３割２分、46本塁打だった。どちらかとは勝負せねばならず、私たちが選んだのは、左ピッチャーも多いという理由から、３番のローズと勝負して、４番の中村とは勝負を避け、５番の磯辺とは絶対勝負というシミュレーションだった。

もちろん、前述したように、３番、４番、５番と全員と勝負できればそれに越したことはないのだが、力のある相手に真っ向勝負を挑んで全員に勝てるとは限らない。ならば、ランナーを出したとしても、得点を与えずに、３つのアウトをどこでとるかを考えた方がいい。

逆に、右の入来智が先発のときは、当然真逆のシミュレーションを敷いた。つまり、ローズとは無理に勝負をせず、中村と勝負した。打順はだいたいが決まっているのでこうした短期決戦でのシミュレーションはたてやすい。基本が決まってしまえば、あとはどういう球を使うか、２巡目、３巡目はどうして行くか、ということを決めていく。

結果、この第一戦では石井一久が好投し、想定より良い展開で試合は進み、中村の前にランナーが出ずに、中村を歩かせるシチュエーションにはならなかった。３番、５番も抑えることができ、４番の中村からは３三振を取ることができた。大差でリードしていたこともあってか、シミュレーション以上の成果でシリーズを優位に進められた。

下位打線の選手については当然、どういう打者であるかのデータは全部インプットしておくが、それ以上に根を詰めた分析はしない。あくまでも危険な中軸にどう対処するかがテーマになる。

ただ新しいイニングになって、６番から打順が始まるとしよう。その場合、シミュレーションしておくべきことは、９番で代打が出てくるかどうかということである。６番、７番、８番というのは下位打線なので、あまりいいバッターはいないが、９番のところで代打がきたら、これは急に「４番バッター」になるようなものである。したがって、６番、７番、８番で必ず勝負しないといけないということになる。

一方で、９番がピッチャーで、ここでは絶対に代えないとわかっていたら、９番でひとつアウトをとればいいという計算になるので、６番、７番、８番のどこかで２つアウトをとればいいことになる。キャッチャーは、そういう感覚を常に持ちながら、どこでアウトをとるのかのイメージしておかないといけない。

いてまえ打線のような場合と違って、95年の日本シリーズ、オリックスの攻略はポイントが異なった。このチームは得点力がそれほど高くなく、投手力が優れたチームである。シリーズ前から投手力勝負になることが察せられた。つまりロースコアの展開が予測されるたである。

この場合の軸は、やはり１番のイチロー（この年３割

1995年、オリックスとの日本シリーズ第３戦。このシリーズではイチロー攻略がカギとなった。（神宮球場）

４分２厘、49盗塁）をどう抑えるかが最大のポイントだった。このバッターが出塁すると、足があるのでいちいち進塁に気を遣わなくてはならない。序盤での失点の可能性も高くなる。おまけに、相手の士気は上がる。彼が打てばチャンスが来るであろうことは、他でもないイチロー自身がいちばん感じていたに違いない。

あの当時はマスコミも大騒ぎである。ますます「自分が出なければ」と意識したであろう。そして**その「出なければ」の意識の中に、四球で出ようという意識は少ない。**いつも以上にヒットを打つということに積極的になっていただろう。
　そこで、徹底的に彼のその打ち気を利用して、高目のボール球ばかりを投げて、フライを打たせる配球に徹した。彼ほどのバッターだと内野ゴロでも安打にしかねないというのもあるが、やはりこのバッターを出塁させる、させないでは大違いだからだ。幸いにして95年のスワローズはテリー・ブロス、石井一久と１、２戦で速球のさえるピッチャーがそろっていて、高めの直球が効果的にイチローのポップフライを誘発した。
　この場合も結果的にこのシミュレーションは功を奏した。イチローにシリーズ終盤まで彼本来のバッティングをさせないことで全体の優位性を得ることができ、結果につながった。

ピッチャーとのコミュニケーション

　ピッチャーを助けてチームに勝利を導く上で、やはりそれぞれの特徴をつかんでおくことは極めて重要である。一言で言ってもピッチャーにもいろいろなタイプがあり、人間性も違うので、すべてのピッチャーに同じことをすれば良いというものではない。
　おだてなければいけないピッチャー、叱咤しなければいけないピッチャー、落ち込むタイプ、調子に乗るタイ

日本プロ野球史上初のストライキから４カ月、労使が妥結して誕生した
「プロ野球構造改革協議会」の第１回会合が行われ、記者会見する古田選手会長。
（2005年１月25日）

プ、例をあげ出したらキリがない。ここでは私がバッテリーを組んだピッチャーとの特異なコミュニケーションをいくつかご紹介しよう。

（１）尾花高夫

私が新人のころ、当時ヤクルトのエースである尾花さんからは全く信頼を得られなかった。これはプロ野球の世界では日常茶飯事である。どこのものともわからぬ若造に俺のボールが捕れるものか、という思いがあったのかもしれない。

入団当初、私は尾花さんにサインを出すことすら許されなかった。「外側か内側だけ指示を出せ。オレのカーブは大きく曲がる。カーブだけは捕れないだろうから、オレがサインを覗き込んでいるとき、オレの右手の親指と人差し指がくっついているときに投げる。くっついていなかったらカーブ以外の球だと思え」と。私は尾花さんの右手ばかりを見て、時にはどちらかわからないまま捕球に専念した。

ただ言われたとおり、必死に捕球することに専念していたらそのシーズンの終わり頃にはサインを出すことを許された。慣れてくると捕れてくるものだし、尾花さんのほうもコイツなら捕れるということを認めてくださったのかもしれない。とにかく、ピッチャーとのコミュニケーションというと、いろいろ喋ることが多そうなイメージだが、私はキャリア序盤でこういう特異なコミュニケーションを経験できて良かったと思っている。

（2）テリー・ブロス

長身で大柄な外国人投手ブロスは、しばしば制球難に苦しんだ。強いイメージがあるが、マウンドでは意外に弱気な一面がある。彼が来日間もない頃、制球が乱れてくるたびに「You can do it!」などと激励するためにマウンドに駆け寄ったりしていた。しかしどうも彼の調子

2000年７月22日、サンヨーオールスターゲーム第１戦。５回裏、ワンアウト二塁、巨人・高橋由の右前安打で、二塁より一気に生還する。左は長嶋監督。（東京ドーム）

は上がらない。

しばらくして、通訳を通してブロスが意外なことを言ってきた。「オレは罵《ののし》られないとダメなんだ……」激励はいらない、罵ってくれと。なるほどそういうタイプの人間がいてもおかしくはない。翌日、通訳から汚い罵り英語を教えてもらうことになった。確かにブロスの制球難は、試合中罵られることで改善された。おかげで私の英語力も極めて偏った形で上達した。

ある左ピッチャーは、非常に繊細な一面があった。ピッチャーごとに投球フォームの確認事項がいくつかあったりするのだが、彼の場合はチェックポイントがなんと20近くもあった。

覚えようとはしたものの、毎日違うピッチャーの球を受けるのに、さすがにそれだけの確認事項をこっちも観察する余裕はない。

あるとき、そんな彼がストライクが全く入らなくなった。確認事項の何かが欠落しているんじゃないか、ますます疑心暗鬼になるばかりで改善の兆しが見えない。

そこでチェックポイントのひとつに「右肩の開き」があることを思い出した私は、彼に約2、3センチ肩が開き気味だと忠告した。すると次のボールから、水を得た魚の如くコントロールが回復した。無論、そこまで的確に肩が開いていたのかどうか、わからない。わかったとしても数センチの開きなど普通ならわからない。しかしこのことから往々にしていろいろなことを気にするタイプは「気にしている」ことから開放するだけで直ったりするものなのだ。

野球をフェアにリスペクトしよう

（1）ささやき戦術について

キャッチャーが話しかけてバッターを混乱させるという「ささやき戦術」があるが、私はあまり使わなかったし、お勧めもしない。真偽のほどはわからないが、私の師匠でもある野村監督は、銀座のホステスから得た情報をささやいて、バッターを混乱させて打ち取ったなどと言われている。また、そうした戦術をバッターの集中力を奪うための有効な手段だと評価される方もいらっしゃるようだ。

こういうエピソードが世に出ると、実際バッターとキャッチャーは距離が近いので会話をしていると思っている方も多いだろう。しかし私の経験では、相手バッターとキャッチャーとの会話は、挨拶程度でしかない。

かつて私が打席に立ったとき、「なぁ古田、こんなピッチャー、一軍ではダメだろう？」などとブツブツ言ってくるベテランキャッチャーもいるにはいたが、別段それによって集中力を乱されたことはなく、それが戦術だったのかどうかもわからない。もしそうだとしても効果的な戦術だとは思わなかった。

そもそも、バッターの個人情報を入手して、露骨に嫌がるようなことを言って混乱させるのはあまりフェアな戦術ではない。従って、対戦している相手選手と言葉を交わすということ自体も、私はあまり進んで取り入れるべきだとは思わない。

（2）審判への対応

審判員も人間だから毎回正確なジャッジができるとは限らない。だからと言って、審判員を欺こうという行為は絶対にやめるべきだ。**無理にストライクに見せようとしてキャッチャーミットを動かしたり、捕球と同時に「ヨッシャ！」などと言い放ちベンチに帰ろうとしたりする**行為だ。それは実は逆効果だと言っておきたい。審判員もプロである。騙そうとしているかのような動きにはむしろ反感しか湧かないだろう。

欺く行為に対する露骨な嫌悪感は、国際試合などでの外国人審判がよりわかりやすい。ど真ん中の球でもベンチに帰る仕草が早いとストライクを宣言しなかったりするシーンはよく見かける。

際どいコースにボールが来た場合は、キャッチャーミットをしっかり止めて、審判員にしっかりジャッジしてもらおうという姿勢を示した方が良い。バシッと捕って、しっかり止めるというキャッチャーの基本を心がければ、審判員も味方になってくれることが多いのだ。いずれにせよ、リスペクトを欠いた行動は慎もう。

あとがきにかえて

技術力の重要性

キャッチャーにはいろいろなものが求められる。しかしその中でも最も重要なものはなんだろうと考えたとき、私は技術の高さと答えている。

ここまで話してきたように、キャッチャーはピッチャーとの対話、バッターや相手チームの観察、状況においての洞察力、データ収集という数々の任務をこなす必要がある。しかしこれらのことができたからといって、捕球、送球、打撃などの技術力が伴わないとチームの信頼を勝ち取ることはできない。

しっかり捕る。捕った上でミットをしっかり止める。どんな難しい球でも捕って、ピッチャーに「このキャッチャーに投げたい」と思わせることができる。盗塁も刺せて、さらに打てる。そういう人物に「任せておけ」と言われれば、それは任せようという気にもなるだろう。要するに、**技術力を磨かないことには、いくら能書きを並べたところで信頼を勝ち取ることは難しいのだ。**

ある程度のレベルまでいってしまうと、コミュニケーションという名を借りて、ピッチャーと仲良くすることばかり考えるキャッチャーがいる。その方が楽だからそうしているのだが、それでは結局は信頼を得られることはない。私はレベルが上がってからこそ、技術の向上を怠ってはいけないと考えている。

2006年３月31日。ヤクルト－阪神、開幕戦。兼任監督となった古田監督は、
２回裏、味方の追加点にベンチで喜ぶ。（神宮球場）

そして何より、野球は技術性の高いスポーツである。練習をすれば、ときに劇的な上達を伴うことがある。走るという技術が劇的に伸びるということはあまりないが、打つ、投げるといった野球独特の動きに関しては、劇的な進歩を短時間で得られることがあるのだ。これは長時間の練習で得られるものではなく、何かをきっかけに飛躍的に進歩するのだ。

「はじめに」でも触れたが、私はこの飛躍的な技術進歩を生み出すものが、「コツ」だと思っている。野球において、選手はある程度のところで壁にぶち当たる。それを打ち破るには、コツを発見することだ。

コツは小さいことかもしれないし、なかなか見つけにくいものかもしれない。ただ、そのコツを見つけようとして日々練習するのと、何も考えずただ練習量を増やすだけではその効果は違うのではないか。

プロ野球には、46歳で現役で頑張っている工藤公康投手がいる。46歳といえば、他のスポーツではなかなか活躍できる年齢ではない。これはやはり野球というスポーツが、アスリートとしてのパワーよりも、技術的な要素に大きく依存しているからだろう。

メジャーリーグでは、フィラデルフィア・フィリーズのジェイミー・モイヤー投手が、46歳で複数年契約を果たした。彼も球速は遅いが、変幻自在な変化球を操る技術がいまだに一級品と認められているからに他ならない。これは逆に言うと、プロでの地位を上げるには、技術を上げるノウハウさえ得られれば、いくらでもチャンスはあるということではないか。

かく言う私もプロ入りが遅かったこともあり、地道な練習でみっちり鍛えている余裕がなかった。入団直後、打撃に関しては、見ると周りには到底かなわないような打棒の方々が揃っていた。必然的に、どうやったらこんなふうに打てるのだろうと好奇心が湧いたのだが、感心している場合ではない。この技術の差を埋めるためにはどうしたら良いかと必死で考えた。

兼任監督の初試合は、最初から最後までマスクをかぶって采配した。阪神に
4－3と勝ち、初勝利を挙げ、優勝したときのようにガッツポーズする。

古田敦也・捕手兼任監督（42）の引退セレモニー。この日、広島戦には「5番捕手」で先発出場。3万3千人のファンが大歓声をおくった。

試行錯誤は続いたが、いろいろなバッターの打ち方を参考にコツ探しに徹した。幸いキャッチャーはバッターを観察する上では非常に恵まれている。当時大打者だった落合博満さんの打撃などは、間近で観察させてもらい参考にした。

今思うと、そうしたたくさんのサンプル観察が私なりの打撃技術向上に大いに役立ったのである。バッティングに関してはいずれまたどこかで書くことになるだろうが、キャッチャーの守備に関しても技術的な部分は非常に重要である。

読者のみなさまが、キャッチャーというポジションの魅力を少しでも感じていただき、またこの本を読むことで野球を好きになってくださったとしたら、著者として大変光栄に思う。

2009年９月　古田敦也

古田敦也

ふるた あつや

1965年、兵庫県生まれ。立命館大学野球部で活躍後、トヨタ自動車入社。88年、ソウルオリンピックで銀メダル獲得。89年、ドラフト2位でヤクルトスワローズに入団し、一年目から正捕手を任される。91年セ・リーグ首位打者、93年、97年セ・リーグMVP、97年正力松太郎賞、97年、2001年日本シリーズMVPを獲得。ゴールデングラブ賞を10度受賞。名捕手として一時代を築いた。

98年に日本プロ野球選手会第5代会長に就任、04年には合併阻止と新規球団参入に尽力した。05年、大卒社会人選手として初めて通算2000本安打達成。06年、日本では29年ぶりの監督兼選手となる。07年現役引退。現在は野球解説者、スポーツ・コメンテーターとしてテレビ・ラジオなどさまざまなメディアで活躍している。

現役18年の通算打率2割9分4厘、2097安打、217本塁打。監督2年の成績は130勝157敗3分け。著書に『古田式』（周防正行との共著、太田出版）、『「勝負脳」を鍛える』（谷川浩司との共著、PHP新書）、『古田のブログ』（アスキー）、『子育てキャッチボール　ボールひとつから始まる教育再生』（鈴木寛との共著、徳間書店）など多数。

古田敦也ブログNEO

http://www.aspara.co.jp/atsuya-furuta/

「フルタの方程式」番組ホームページ

http://www.tv-asahi.co.jp/furuta/

「フルタの方程式」
（テレビ朝日）
スタッフクレジット

企画	古田敦也
	伊藤滋之
構成	岩本哲也
	小山賢太郎
ナレーション	清水俊輔（テレビ朝日）
編集	笹川紘一（CROSSCO）
	高根沢征二（CROSSCO）
音効	北澤亨（フナヤ278）
MA	首藤英一郎（TSP）
協力	株式会社ヤクルト球団
	ZETT
	データスタジアム
技術	加藤英昭
編成	榊原誠志
宣伝	川北桃子
AP	田中理恵
AD	榊耕平
	木﨑伸吾
ディレクター	絹山知康
	栗田貴
	岡順一郎
	古賀佐久子
プロデューサー	齋藤隆平
写真提供	日刊スポーツ（9、27、53、98頁）
	時事通信社（19、76頁）
	AFP＝時事（101頁）
	朝日新聞社

本書付録 DVD 鑑賞上の注意事項

●DVD は映像と音声を高密度に記録したディスクです。12センチ DVD 対応のプレーヤーで再生して下さい。なお、DVDドライブ付 PC やゲーム機などの一部の機種では再生できない場合があります。ご了承下さい。

●ディスクは両面とも指紋・汚れ・キズ等をつけないように取扱って下さい。また、ディスクに対して大きな負担がかかると微小な反りが生じ、データの読み取りに支障をきたす場合もありますのでご注意下さい。

●ディスクが汚れたときは、メガネふきのような柔らかい布を軽く水で湿らせ、内側から外側に向かって放射状に軽くふき取って下さい。レコード用クリーナーや溶剤等は使用しないで下さい。

●視聴の際は明るい部屋で、なるべくテレビ画面より離れてご覧下さい。長時間続けての視聴は避け、適度に休憩をとって下さい。

●このディスクを無断で複製、放送、上映、配信することは法律により禁じられています。

●図書館では館内視聴のみにてお願い致します。

フルタの方程式

2009年９月30日　第１刷発行
2019年１月30日　第10刷発行

著　　者　古田敦也
発 行 者　須田　剛
発 行 所　朝日新聞出版
〒104－8011　東京都中央区築地5－3－2
電話　03－5541－8832（編集）
03－5540－7793（販売）

印刷製本　大日本印刷株式会社

Published in Japan by Asahi Shimbun Publications Inc.

ISBN978-4-02-250631-3
価格はカバーに表示してあります